IRIS SEIDENSTRICKER

Je suis en CONFIANCE !

VIVRE LÉGER

Dans la même collection VIVRE LÉGER

Hypersensible et bien dans ma peau, Susanne Moeberg
Assez trimé !, Barbara Berckhan
S'aimer rend fort, Stefanie Carla Schäfer
Je lâche prise, Heike Mayer
Merci, ça ira bien comme ça !, Gabi Ingrassia
Je lâche tout ça !, Pia Mester
Enfin libre dans ma tête !, Angelika Holdau

Catalogue gratuit sur simple demande
Éditions Jouvence
France : BP 90107 – 74161 Saint-Julien-en-Genevois Cedex
Suisse : Route de Florissant, 97 – 1206 Genève
Site Internet : www.editions-jouvence.com
E-mail : info@editions-jouvence.com

Titre original : *Selbst bewusst !*

Traduit de l'allemand par Nina Prinzhorn
ISBN : 978-2-88911-995-0

Mise en pages : François Grandperrin
Couverture : Éditions Jouvence

IRIS SEIDENSTRICKER

Je suis en CONFIANCE !

Et déploie mon potentiel intérieur

Traduit de l'allemand par Nina Prinzhorn

jouvence EDITIONS

VIVRE LÉGER

SOMMAIRE

SOYEZ LE BIENVENU !

Imaginez que vous êtes installé à votre endroit préféré par une belle soirée d'été – à la mer, au bord d'un lac ou peut-être à la montagne – et que vous pensez à votre 90ᵉ anniversaire. Il aura lieu dans quelques jours et vous voulez prononcer un discours. Amis, enfants, petits-enfants et arrière-petits-enfants, qui ont tous encore la vie – ou du moins la demi-vie – devant eux, seront là. Que souhaitez-vous leur transmettre ? Qu'un jour dans votre existence vous avez compris ce qui était vraiment important pour vous et ce qui faisait de vous quelqu'un de si unique ? Que vous avez simplement dit « oui » à ce que la vie avait à vous offrir, même si cela vous a coûté beaucoup de courage et d'efforts ? Que vous aviez conscience que même les moments les plus sombres finissent par passer, et que même les heures les plus douloureuses ne comptent que soixante minutes ?

Si vous êtes en mesure de dire ça un jour, vous avez réussi à construire votre vie sur l'un des piliers de la réussite, de la satisfaction, de la pondération, de la santé et de la joie de vivre : la confiance en soi.

LA CONFIANCE EN SOI N'EST PAS INNÉE

La confiance en soi, on ne naît pas avec, c'est notre éducation qui nous la donne – ou pas. Si nous avons eu la chance durant l'enfance de grandir entourés de gens qui croyaient en nous, qui nous ont soutenus et appris que les erreurs faisaient partie de la vie, nous pouvons développer une certaine confiance en soi.
Dans le cas contraire, avec peu ou pas d'encouragements, avec des réprimandes, si on nous a répété qu'on faisait mal les choses, qu'on était trop bête, il est impossible de cultiver une saine confiance en ses capacités ou un sentiment de confiance envers soi. Par la suite, cela nous fera défaut également dans notre vie d'adulte, et nous nous sentirons souvent insécurisés. Nous aurons le sentiment de ne pas être conformes, et nous respecterons les autres et leurs convictions bien plus que les nôtres. Aussi, nous traiterons autrui mieux que nous-mêmes, ce qui, à terme, provoque de l'insatisfaction et du malheur.

Mais il y a une bonne nouvelle :

La confiance en soi peut être renforcée et se construire à n'importe quel moment!

Et ça vaut le coup, car il est avéré qu'elle nous aide à vivre quand les temps sont difficiles. Les études montrent que les personnes qui croient en elles, par exemple pendant un examen, réussissent mieux. Elles sont plus détendues, moins effrayées et ont un meilleur accès au savoir stocké dans leur mémoire.

FAITES-VOUS ACCOMPAGNER SUR LE CHEMIN DE LA CONFIANCE EN VOUS

Dans les prochains chapitres, vous trouverez des exercices et des méthodes simples pour apprendre à renforcer votre confiance en vous. Vous pouvez avancer chapitre par chapitre ou choisir les passages et les exercices qui vous intéressent. Le mieux serait de vous munir d'un carnet de notes et d'y inscrire vos pensées et les réponses aux questions qui vous seront posées.

Notre vie présente, passée et future, est le résultat de toutes les décisions que nous avons prises jusqu'à présent.

Si vous voulez vous sentir mieux dans votre peau et dans vos rapports avec les autres et souhaitez être plus détendu et plus énergique, commencez par vous écouter. C'est intéressant, car vous allez faire de nouvelles expériences et vous allez peut-être constater que plus vous vous prenez au sérieux, plus les autres vous prendront au sérieux. Cela va renforcer votre confiance et vous allez ébaucher une certaine spirale du bien-être : vous croyez en vous, donc vous vous sentez bien, et parce que vous vous sentez bien, vous croyez en vous. Cette énergie du succès accompagnera toutes vos actions.

Je vous souhaite de décider pour vous-même et de ne plus douter de votre capacité à relever les défis du quotidien, tout simplement parce que vous avez confiance en vous, dans les meilleurs moments comme dans les pires.

PARCE QUE VOUS AVEZ CONFIANCE EN VOUS ET EN LA VIE.

Chapitre 1

La personne que vous êtes : apprenez à vous faire confiance

Dans ce chapitre, vous apprendrez :

- ce qu'est la confiance en soi ;
- comment mieux vous connaître à travers vos capacités, rêves et penchants ;
- comment vous lier d'amitié avec votre critique intérieur et vous valoriser davantage ;
- comment trouver la force intérieure.

LA CONFIANCE EN SOI : QU'EST-CE QUE C'EST ET POURQUOI NOUS EN AVONS BESOIN

« Dès lors que tu te fais confiance, tu sauras vivre », a écrit un jour Goethe. Il a ainsi mis le doigt sur l'importance de notre rapport à nous-mêmes, car la confiance en soi constitue la base sur laquelle nous construisons notre développement personnel, notre façon d'être et notre qualité de vie. Elle n'est certainement pas tout, mais sans elle on n'est rien.

Vous vous êtes sûrement déjà retourné pour regarder la personne qui, dans une salle pleine, avait posé la première question en public. Ou vous avez admiré la collègue de travail qui a évoqué calmement devant le patron le point délicat que personne n'osait aborder. Quel courage !

Comme vous lisez ce livre, je pars du principe que vous aimeriez à votre tour avoir plus de courage, être davantage capable de vous imposer, avoir plus de repartie ou vous sentir globalement plus compétent, attractif et sûr de vous dans la vie de tous les jours. C'est la préoccupation de beaucoup de gens, et même ceux que vous considérez comme sûrs d'eux ont des moments d'incertitude et des périodes où ils ne s'aiment pas. Car l'assurance n'est pas un trait de caractère que l'on acquiert pour de bon. Elle dépend de notre entourage, du déroulement de nos journées et de la phase de vie dans laquelle nous nous trouvons. Il y a des jours où tout va super bien, et d'autres où nous nous sentons tout petits et où tout semble partir en vrille. C'est normal, car tout comme la marée haute succède à la marée basse, le jour à la nuit et l'hiver au printemps, notre vie suit également un rythme où les périodes de détente alternent avec des phases de tension, les hauts avec les bas, les bons moments ou les jours heureux avec les moins bons. Selon la solidité de la relation que nous avons à nous-mêmes, nous remettons plus ou moins en question notre estime de nous-mêmes, cette intime conviction d'avoir une valeur en tant qu'être humain, et nous nous montrons plus ou moins capables de nous relever après un échec, une blessure ou une rupture.

Avoir confiance en soi veut dire s'accepter comme on est et faire entièrement confiance à ses capacités physiques et intellectuelles.

SE CONNAÎTRE ET S'ACCEPTER

Pour gagner en confiance, vous devez connaître et accepter vos forces, vos faiblesses, vos désirs et vos besoins sans vous dévaloriser, avec tout ce qui fait partie de vous, même ces travers dont vous avez honte. S'accepter de cette façon ne veut néanmoins pas dire qu'il faille se trouver génial à tout point de vue sans rien changer, il s'agit plutôt de ne plus condamner ce que l'on est et de tirer le meilleur parti de ses possibilités.

COMMENT SE DÉVELOPPE LA CONFIANCE EN SOI

La confiance en soi n'est pas innée, elle se développe pendant notre enfance, selon nos expériences. Si on nous a principalement jugés par rapport à nos résultats, ou si nos parents ou les gens de notre entourage n'avaient pas très confiance en eux, nous serons à l'âge adulte plus enclins à l'insécurité et aux doutes. Pour renforcer notre confiance et la préserver quand ça va mal, nous avons besoin de relations stables et de personnes bienveillantes autour de nous.

Il est scientifiquement prouvé que la confiance en soi augmente avec l'âge. C'est le résultat de l'expérience de la vie. À un certain moment, on a traversé et accompli tant de choses que l'on est sûr de venir à bout de l'épreuve future.

LA BONNE MESURE

Une saine confiance en soi n'exclut pas les périodes de doute et d'insécurité. Et nous en avons besoin, car cela nous pousse à réfléchir et nous permet de rester en éveil face aux changements. Mais d'un autre côté, nous devrions aussi porter plus souvent un regard bienveillant sur nous-mêmes ; selon les experts, cela nous aiderait à nous sentir mieux dans notre peau et beaucoup plus heureux.

TROP D'ASSURANCE REND ARROGANT

Si notre assurance nous amène à nous lancer tellement de fleurs que nous finissons par tourner uniquement autour de notre petite personne, nous nous comportons facilement de manière arrogante. Nous nous sentons plus importants que les autres et exigeons un statut particulier, ce qui ne nous rend pas particulièrement agréables. Et reconnaissons-le, la plupart des gens préfèrent éviter les personnes arrogantes. De plus, le trop-plein d'assurance nous fait commettre des erreurs : celui qui se croit infaillible et compétent ne prend pas en considération les avis des autres et passe souvent à côté de choses décisives.

TROP PEU D'ASSURANCE EST FRUSTRANT

Lorsque nous avons très peu ou pas du tout confiance en nous, la vie devient pénible : nous sommes tendus, car nous avons du mal à affronter le quotidien. Nos propres idées ne nous semblent pas assez pertinentes et nous devenons dépendants des opinions et des décisions des autres. Nous n'osons pas réclamer et revendiquer les choses dont nous avons besoin pour nous sentir bien. Et bien sûr, nous reculons devant les responsabilités, car elles nous exposent aux critiques qui nous touchent au plus profond de nous-mêmes, que nous mettons beaucoup de temps à digérer. Le manque de confiance en soi est frustrant, rend triste et parfois même dépressif.

LA FORCE À L'INTÉRIEUR DE SOI

Une bonne dose de confiance en soi nous permet de garder en éveil cette curiosité vis-à-vis de la vie, de ses surprises ou de ses défis. Ce n'est pas pour autant que l'on devient invulnérable ou insensible aux douleurs psychologiques comme les vexations, les ruptures, la tristesse ou les coups durs, mais au moins elles ne nous brisent pas.

Imaginez la confiance en soi comme un muscle. Les muscles sont le siège de la force physique, ils régulent le métabolisme et alimentent votre corps en énergie. Lorsqu'un muscle est utilisé, ou mieux, entraîné, vous avez de la puissance et vous êtes en mesure d'exploiter vos capacités motrices de manière optimale. Si vous ne l'utilisez pas, il se ramollit et ne peut vous soutenir. On construit ses muscles par un entraînement intelligent : après l'effort vient le repos. Avec la confiance en soi, c'est pareil : vous y puisez de la force et de l'assurance lorsque vous l'entraînez et l'utilisez, mais vous avez le droit de vous octroyer des périodes d'insécurité.

PROFITER DE LA VIE

Vivre signifie prendre des risques. En ayant confiance en vous, vous êtes suffisamment serein et souverain pour pouvoir oser les affronter ; d'une part parce que vous savez qui vous êtes, ce dont vous avez besoin et comment l'obtenir, et d'autre part parce que vous êtes capable d'apprécier vos capacités à leur juste valeur. Plus vous vous lancez au quotidien, plus vous agissez par vous-même, vivez de succès et d'échecs et construisez activement votre vie, plus vous gagnez en confiance. Et vous finissez par avoir davantage d'audace pour atteindre le plus gros succès qui soit : mener votre vie à votre façon et en profiter.

LES EFFETS DE LA CONFIANCE EN SOI

1

Vous êtes plus détendu et optimiste

Vous vous aimez et vous acceptez tel que vous êtes sans perdre de vue votre développement futur. Vous envisagez l'avenir avec confiance, et si les choses vont un peu de travers, vous vous dites : « Qui sait à quoi cela peut me servir. »

2

Vous savez ce qui est important pour vous

Vous poursuivez vos objectifs, vous planifiez en conséquence et évitez les pressions inutiles, parce que vous prévoyez toujours assez de temps pour vous préparer et prendre des décisions.

3

Vous prenez davantage en considération vos émotions et celles des autres

Vous connaissez vos limites et vous les gérez – tout comme vos émotions – de manière responsable. Au lieu de vous laisser submerger par le stress, la colère et le ressentiment, vous vous confrontez à vos émotions et vous trouvez le moyen de les canaliser de façon à ne pas les diriger contre vous-même ou spontanément contre les autres.

4

Vous connaissez vos forces et faiblesses et vous les prenez avec humour

Vous savez ce dont vous êtes capable et avez donc la possibilité d'exprimer votre opinion de façon modérée, de négocier et de faire face aux conflits. Vous n'essayez pas d'être parfait, vous ne vous prenez plus tellement au sérieux – et la vie non plus – et vous arrivez parfois à vraiment rire de vous-même.

5

Vous êtes plus souple

Vous savez ce que vous pensez mais ne restez pas campé sur vos positions et vous intégrez les points de vue des autres dans vos réflexions. Vous acceptez la réalité, ce qui vous permet de vous détacher de vos idées fixes et de vos attentes. Vous arrivez ainsi à gérer certaines situations de manière presque ludique.

6

Vous pensez que vous avez de la valeur, vous vous sentez libre et indépendant

Vous avez conscience de votre valeur en tant que personne et savez que cette valeur ne dépend ni de vos succès ni de vos échecs.
Vous vous entourez de personnes qui vous font du bien et prenez soin de vos besoins physiques et psychiques.

LA PERSONNE LA PLUS IMPORTANTE

Lorsqu'on vous demande qui est la personne la plus importante dans votre vie, que répondez-vous ? Votre partenaire ? Votre fils ou votre fille ? Ou quelqu'un d'autre que vous appréciez beaucoup ? Nombre de gens pensent d'abord à une personne qu'ils aiment, qui les soutient ou les inspire.

Mais peu de gens pensent à eux-mêmes.

Alors qu'en réalité c'est vous qui prenez le plus de place dans votre vie, ne serait-ce que d'un point de vue temporel. Vous vous trouvez avec vous-même vingt-quatre heures sur vingt-quatre, vous êtes exposé à chaque instant à vos pensées, à vos ressentis et à votre comportement. Personne ne peut connaître comme vous vos rêves et vos besoins et personne ne partage vos capacités, vos expériences et votre vécu. Ne serait-il pas juste de vous octroyer la première position dans le classement des personnes les plus importantes de votre vie ? Et de prendre soin de vous-même en conséquence ?

PRENDRE SOIN DE SOI REND PLUS FORT

Vous connaissez certainement l'annonce de sécurité suivante dans les avions : « En cas de dépressurisation de la cabine, les masques d'oxygène tomberont automatiquement à votre portée. Tirez le masque vers vous et maintenez-le fermement sur votre visage. Mettez votre masque en premier, puis aidez les enfants voyageant avec vous et les autres passagers à ajuster leur masque. »
C'est pareil dans la vie. Si vous soumettez en permanence vos besoins personnels aux désirs des autres, vous allez finir par manquer d'air. Tôt ou tard, vous deviendrez malheureux ; peut-être cela vous rendra-t-il agressif ou même dépressif ou malade. Si, par contre, vous prenez soin en priorité de vos besoins physiques et psychiques, vous vous sentirez bien. Vous aurez la force de vous occuper de vos propres nécessités, et l'envie d'être présent pour les autres se développera toute seule.

Ce n'est ni égoïste ni antisocial de s'occuper de soi avec affection. Ce n'est que par ce biais-là que vous aurez accès à vos propres sources d'énergie, où vous pourrez puiser la force pour vous et votre entourage.

VOTRE VALEUR, C'EST VOUS-MÊME QUI VOUS LA DONNEZ

Se donner de l'importance et se traiter avec bienveillance : tout cela demande du courage, surtout si ce n'est pas dans vos habitudes de poser des limites aux besoins de vos partenaires, amis ou collègues. Mais à chaque fois que vous vous octroyez de l'importance, que vous prenez des décisions et que vous exprimez vos désirs, vous vous renforcez intérieurement. Bientôt, vous pourrez faire face aux imprévus avec davantage de sérénité, et vous serez surtout plus détendu dans votre rapport à vous-même. Vous vivrez autrement, car vous ferez en sorte d'obtenir ce dont vous avez besoin.

« Je viens enfin de comprendre de quoi il s'agit ! » a dit un jour une cliente à la dernière séance d'un coaching, « tout ce que je suis et voudrais être vient de cette conviction que je le vaux vraiment ! Et je dois m'accorder autant de temps, de patience et de compassion que nécessaire. Personne d'autre ne peut le faire pour moi. Je n'ai jamais éprouvé autant de compréhension pour moi-même, et je ne me suis jamais sentie aussi libre et motivée. »

Vous êtes la personne la plus importante dans votre vie. Personne à part vous ne peut vous apporter la paix, le bien-être, le calme ou même la santé. Prenez votre carnet de notes spécial « Confiance en moi » et écrivez les réponses aux questions suivantes :

- *Est-ce que je fais tout mon possible pour me soutenir ? À quoi je le remarque ?*
- *Est-ce que je défends la personne que je suis, même si c'est difficile ? À quoi je le remarque ?*
- *Est-ce que j'exploite mes talents et utilise les possibilités pour mon épanouissement ? Quels exemples pourrais-je donner ?*

La confiance en soi est toujours liée à la bonne relation à soi. Grâce aux exercices et conseils pratiques de ce livre, vous pouvez la construire, la soigner ou l'améliorer.

Et j'ai compris,
le miracle que j'attendais,
c'est moi-même.

Selma Lagerlöf

APPRENDRE À SE CONNAÎTRE

Exercices

On donne sa confiance à quelqu'un quand on sait à qui on a affaire. C'est pareil avec la confiance en soi. Mais savez-vous seulement qui vous êtes ? Ce qui vous anime, ce que vous savez faire, ce que vous voulez faire ? En d'autres termes : est-ce que vous vous connaissez vous-même ?

Ce n'est pas une mince affaire que de décrypter sa propre personnalité. On change constamment, et alors que les changements physiques sont les plus visibles, il s'avère nettement plus difficile de suivre l'évolution de nos émotions et de nos processus intérieurs. Ainsi, tout comme il nous arrive de changer d'avis suite à de nouvelles révélations, les choses qui comptent pour nous changent également, selon les différentes phases de notre vie. Souvent, nous n'en avons même pas conscience, jusqu'au moment où nous commençons à nous sentir mal avec des personnes – ou dans des situations – qu'auparavant nous appréciions. Grâce aux exercices suivants, vous apprendrez à mieux vous connaître. Munissez-vous du matériel qu'il vous faut pour les faire, prenez-vous deux heures au calme et installez-vous confortablement avec votre breuvage préféré et éventuellement aussi une douce musique de fond.

Le collage « Ça, c'est moi »

★ Commencez préalablement à collectionner de vieux journaux ou de petits objets qui ont une signification pour vous. Ça peut être des photos, des articles de magazines découpés, des notices, des citations, des fleurs, des porte-clés ou des petites figurines jouets – tout ce qui a de l'importance pour vous est bon à prendre. Il vous faut ensuite des stylos, des ciseaux, de la colle et un carton taille A3. Dès que vous avez rassemblé tout le matériel, c'est parti !

★ Écrivez tout d'abord en gros sur le carton « Ça, c'est moi », puis laissez-vous inspirer par les images, les articles de journaux et les autres objets que vous avez collectés. Découpez ce qui vous définit et posez ou collez-le sur le carton. Il ne s'agit ni d'esthétisme ni d'originalité, vous n'avez pas besoin d'obtenir un résultat ou de vous justifier. L'important est d'entrer en contact avec vous-même d'une autre manière.

★ Lorsque vous avez terminé le collage, regardez-le. Qui voyez-vous ? Connaissez-vous déjà cette personne ? Vous est-elle étrangère ? Vous semble-t-elle familière, mais découvrez-vous d'elle de nouveaux aspects ?

★ Posez ou accrochez le collage à un endroit auquel vous seul avez accès et qui vous permette d'y penser souvent, par exemple l'intérieur d'une armoire.

La liste « Ça, c'est moi »

- Notez dans votre carnet ce qui vous vient à l'esprit lorsque vous lisez les questions suivantes.
- Que sais-je faire particulièrement bien ?
- Qu'est-ce qui m'intéresse particulièrement ?
- Qu'est-ce que j'aime faire ?
- Qu'est ce qui est important ? En quoi je crois ?
- Qu'est-ce que les autres aiment chez moi ?
- Pourquoi me complimente-t-on ?
- Quelles sont mes plus grandes réussites ?
- Qu'est-ce que je n'aime pas chez moi ?
- Qu'est ce qui me pose problème ?

Si vous avez répondu à toutes ces questions, demandez encore à deux ou trois ami(e)s, à des connaissances ou à des parents en qui vous avez confiance, comment ils vous perçoivent. La totalité des réponses vous donnera un aperçu de vos forces et de vos faiblesses. Consultez ces réponses pendant trois semaines tous les matins, vous allez vous familiariser de plus en plus avec vos points forts et vos points faibles et vous serez ainsi capable de mieux vous comprendre au quotidien et de gagner en assurance.

VOS ÉMOTIONS ET VOS BESOINS

Nous sommes vivants. Et être vivant veut dire avoir des émotions et des besoins vingt-quatre heures sur vingt-quatre. La condition pour se sentir bien dans sa peau et dans ses rapports avec les autres est de connaître ses propres besoins et de les satisfaire raisonnablement. Mais nous avons tendance à les ignorer ou à attendre que les autres les satisfassent : les conséquences sont fatales.

Avez-vous déjà essayé de ne pas respirer ? Même avec l'entraînement d'un apnéiste, personne ne peut survivre sans respirer, cela fait partie – tout comme manger, boire et dormir – des besoins physiologiques fondamentaux. Si vous voulez rester en bonne santé et survivre, vous n'avez pas le choix, vous êtes obligé de les respecter. À côté de ces besoins, il existe également des besoins psychiques fondamentaux : celui de se sentir valorisé et aimé, celui d'être libre et en même temps lié aux autres. Si ces besoins émotionnels essentiels sont négligés ou – à terme – pas du tout satisfaits, on risque des perturbations mentales et des maladies. Si à l'inverse on trouve le moyen de bien gérer ces besoins, toutes les conditions sont réunies pour rester en bonne santé physiquement comme mentalement et pour pouvoir mener la vie qui nous convient.

IL Y A UN LIEN ENTRE SES BESOINS ET LE MANQUE DE CONFIANCE EN SOI

Dans leur jeunesse, on a souvent rabâché à ces adultes qui souffrent d'un manque de confiance en eux que certains besoins, émotions ou comportements étaient « mal », que « ça ne se faisait pas ». Et cela se justifiait parfois certainement – après tout, les enfants se doivent d'apprendre les comportements convenables et les règles –, mais cela devient dangereux si cette évaluation vire au jugement : « Parce que tu as fait ça, tu es un enfant mauvais. » Les enfants dépendent de leur personne de référence, et leur retirer l'affection ou les rejeter est la pire chose qu'on puisse leur faire. Alors l'enfant va éviter, dans la mesure du possible, d'exprimer les émotions ou les sentiments que sa

personne de référence va considérer comme indésirables.
Cette censure et ce contrôle peuvent durer jusqu'à l'âge adulte et avoir un énorme effet néfaste dans la vie.

LES BESOINS SE CACHENT ÉGALEMENT DERRIÈRE LES ÉMOTIONS

Vous n'osez peut-être pas exprimer vos besoins ou vous ne savez même plus les identifier. Servez-vous de vos émotions pour les découvrir, elles vous indiquent de manière assez fiable si vos besoins sont satisfaits ou non.

Lorsque vos besoins sont satisfaits, vous vous sentez bien; quand ils ne le sont pas, vous vous sentez mal.

Beaucoup de gens ont des difficultés à gérer les émotions fortes : lorsqu'ils ont peur, qu'ils se sentent tristes, désemparés ou rejetés, ils refoulent l'émotion rapidement, ou alors ils ne lui permettent même pas de naître. Parfois, c'est par peur qu'on les perçoive comme quelqu'un de faible ou qui ne sait pas contrôler ses émotions, parfois c'est tout simplement par crainte de se voir submergés.
Le prix à payer est élevé : ne rien ressentir, c'est se couper de sa joie de vivre et de sa vivacité. D'une part parce qu'on s'interdit dans le même temps d'éprouver intensément les émotions positives comme la joie, l'amitié, l'espoir et l'amour, et d'autre part parce qu'on ne sait pas reconnaître ni satisfaire ses besoins.

Les émotions colorient notre existence, elles font circuler l'énergie de vie.

Une méthode efficace pour reprendre contact avec vos émotions est d'observer ce qui se passe à l'intérieur de vous et de le nommer. Dites « Stop ! » plusieurs fois par jour et demandez-vous : « Qu'est-ce que je suis en train d'éprouver ? Suis-je excité, en colère ou triste ? » Formulez votre ressenti : « Je suis... » ou « Je me sens... ». Quand vous aurez identifié votre émotion, il vous restera à déterminer ce dont vous avez besoin pour vous sentir mieux. Cette réponse vous donnera votre besoin actuel.

QUELS BESOINS SE CACHENT DERRIÈRE VOS ÉMOTIONS

1

La colère et le ressentiment

La colère naît lorsqu'on se sent personnellement attaqué, blessé ou traité de manière irrespectueuse. Ce qui se cache souvent derrière cette émotion est le besoin de soutien, de reconnaissance, d'affection ou de coopération. Réfléchissez à la cause de votre colère : « Je suis fâché parce que… » La réponse vous mènera à votre besoin.

2

La peur, l'inquiétude, l'insécurité

Ces sentiments cachent un besoin de sécurité physique et émotionnelle : l'acceptation, l'appartenance, la compréhension, le soutien, le contact et la clarté.

3

La solitude

Le sentiment de solitude peut naître d'un de ces besoins ancestraux de l'humanité, quand la vie en groupe était essentielle à la survie : le contact, la communauté, le soin, l'attention, l'acceptation, l'amitié, la proximité, la valorisation, la compréhension ou l'envie « d'être là » pour une personne.

4

Le stress, le surmenage, la pression et l'épuisement

Lorsque vous vous sentez dépassé et épuisé, que vous vivez des états de stress et de pression, il y a de fortes chances que cela exprime le besoin de repos, de recul et de détente. Mais ça peut également cacher une envie de vie saine, de légèreté, de changement et de soutien.

5

Le vide et le manque d'énergie

Les besoins de sens, de vitalité, d'énergie ou encore d'efficacité peuvent s'abriter derrière ces ressentis. Le burn-out est souvent lié à la perte de sens.

6

La lassitude et l'ennui

Les sentiments de lassitude et d'ennui expriment la plupart du temps une quête de sens, une envie de s'élever, de défi, d'inspiration, d'aventure et d'intensité, d'animation et de stimulation.

LES BONS CÔTÉS DE L'INSÉCURITÉ

Je comprendrais que cela vous surprenne. Que peut-il bien y avoir de positif dans le sentiment d'insécurité ? C'est exactement ce dont vous souhaitez vous débarrasser, parce que ça vous empoisonne la vie ! Mais si vous voulez construire votre confiance en vous sur des bases solides, vous devez vous confronter à votre insécurité. Et surtout la considérer sous un autre angle.

Personne n'aime rester dans un état déplaisant, nous essayons généralement d'en sortir le plus rapidement possible. Mais le rejet prend toujours beaucoup d'énergie, énergie qui risque de nous manquer ailleurs, par exemple dans la construction de notre confiance en nous. La condition pour garder cette énergie est de ne pas condamner notre état actuel, mais de l'accepter. Cela implique que l'on soit capable de voir ses bons côtés et d'apprécier tout ce qu'il a fait pour nous dans le passé et ce qu'il fera encore pour nous à l'avenir.

Ce que vous rejetez chez vous et que vous souhaitez changer a une fonction dans votre vie.

Quel pourrait être le bon côté de votre manque de confiance en vous ?

Prenez le temps de réfléchir à votre réponse, elle est importante, car votre comportement a toujours votre intérieur pour guide. Peu importe ce que nous faisons : le but consiste à satisfaire nos besoins. Même si notre comportement est dénué de sens et néfaste pour nous ou les autres, en fin de compte il doit toujours servir à améliorer notre vie.

Peut-être que votre insécurité vous donne la garantie de ne jamais échouer, car si vous n'osez rien, il ne vous arrivera pas de pépin, et vous n'aurez pas à supporter la douleur de l'échec.

Quel est le prix à payer lorsqu'on gagne en assurance ?

Si vous ne vous posez pas cette question, vous risquez d'être confronté tout à coup à des conséquences imprévues, comme d'éventuelles difficultés avec votre partenaire, vos amis ou collègues. En effet, le fait de changer d'attitude au sein de votre famille ou dans votre vie professionnelle perturbe les habitudes de votre entourage et peut provoquer des conflits. Dans ce cas, pour une personne préférant éviter justement tout conflit, le prix à payer est assez élevé. Ce qui nous mène à la prochaine question :

Comment éviter de payer ce prix ?

Dans l'exemple évoqué, il serait judicieux de mettre en place de nouvelles manières de fonctionner avec son entourage, comme les discussions ou les compromis.

Où et comment peut-on apprendre cela ?

Toujours en rapport avec notre exemple, on peut se documenter sur l'art de la discussion, consulter des livres, des vidéos sur Internet ou prendre des cours de rhétorique. En résumé :

C'est seulement lorsque vous aurez apprécié votre insécurité à sa juste valeur que vous aurez compris tout ce qu'elle a fait pour vous et que vous aurez intégré l'idée qu'acquérir plus de confiance en vous n'aura pas de conséquences négatives, et que vous disposerez de toute l'énergie et la motivation nécessaires pour entamer le processus.

Boostez votre projet « Je renforce la confiance en moi » : prenez un stylo et écrivez une lettre aux personnes ou aux situations qui vous mettent en position d'insécurité. Peut-être même à l'insécurité en personne. Vous signez la lettre, mais vous ne l'envoyez évidemment jamais. C'est la preuve écrite que vous êtes vraiment décidé à renforcer votre confiance en vous. Pour le contenu, laissez-vous guider par les questions de l'exercice suivant, « Sur les traces de l'insécurité ». À la fin de votre lettre, remerciez votre insécurité et rendez-lui encore une fois hommage pour tout ce qu'elle a fait pour vous, puis dites-lui qu'à l'avenir vous ne la laisserez plus entraver votre développement personnel. Elle peut cependant encore vous alerter sur certains points.

SUR LES TRACES DE L'INSÉCURITÉ

Si vous savez ce qui vous déstabilise, vous avez la possibilité de vous y préparer mentalement et de venir plus sereinement à bout d'une situation critique. Même si vous avez envie d'en finir rapidement avec les questions qui suivent parce qu'elles sont déplaisantes, prenez votre temps pour répondre. Plus vous serez honnête avec vous-même, plus vous apprendrez à vous connaître et plus vous découvrirez ce qui vous donne de l'assurance.

Quelles paroles ou actes venant des autres font que je m'écroule intérieurement ?

Que doit-il arriver pour que je me sente très insécurisé ?

Complétez vos réponses dans le courant de la semaine si d'autres choses vous viennent à l'esprit. Si vous avez l'impression d'être cohérent, répondez aux questions suivantes :

Qu'est-ce que mon insécurité m'empêche de faire ?

____

____

____

____

____

____

Pourquoi je n'en veux plus ?

____

____

____

____

____

Qu'ai-je accompli dans ma vie jusqu'à présent ?

____

____

____

____

____

____

De quoi aurais-je véritablement besoin de la part des personnes ou des choses qui m'insécurisent ?

____

____

____

____

____

____

____

COMPRENDRE LE CRITIQUE INTÉRIEUR

Connaissez-vous Waldorf et Statler ? Ce sont les deux vieux grincheux du Muppet Show, qui observent tout ce qui se passe du haut de leur loge en faisant des commentaires grinçants. Une petite teigne sommeille en chacun de nous : c'est notre critique intérieur, et sa capacité à nous déstabiliser avec son défaitisme est non négligeable. Il se révèle d'autant plus puissant que vous manquez de confiance en vous, mais vous pouvez apprendre à ne pas vous laisser terroriser par lui.

« Tu es trop vieux pour ça, trop gros, même pas capable… » Le critique intérieur nous dit des choses que nous n'oserions jamais dire aux autres, il a l'air de guetter nos erreurs et nos faiblesses pour lâcher ses logorrhées dévastatrices sur nous. Le résultat étant que nous nous sentons une fois de plus comme des ratés, que nous nous noyons dans les reproches et que nous pensons ne plus être capables de rien. *Le changement de job tant espéré ? Beaucoup trop risqué ! Construire la confiance en soi ? Ça ne fonctionnera pas ! Se remettre à chanter avec la chorale ? Ça ratera certainement déjà à l'audition.* Vous remarquerez :

Plus le critique intérieur prend de place, moins nous avons confiance en nous et plus nous évitons les nouveaux défis.

POURQUOI LE CRITIQUE INTÉRIEUR EST-IL COMME IL EST ?

Le critique intérieur nous accompagne depuis notre enfance et il exprime les messages critiques ou de mise en garde que nous avons souvent entendus dans le passé. Ce qui pourrait nous motiver ou nous soutenir ne l'intéresse pas. Pourquoi ? Parce que toute l'histoire de l'humanité depuis des millions d'années repose exclusivement sur la survie ; l'inconnu représentait le danger. Notre cerveau s'est donc programmé pour identifier les dangers et ignorer l'avancement, même lorsque notre survie n'est pas en jeu.

SOI-DISANT EN SÉCURITÉ

Le critique intérieur du XXIe siècle vous prévient des expériences douloureuses de la jungle quotidienne comme

« échouer », « se ridiculiser » ou « s'attirer la honte ». Plein de bon sens, il vous aide à ne pas agir dans la précipitation ou de manière irréfléchie, mais s'il exagère, votre confiance en vous diminue. Et il a atteint son but, car moins vous agissez, moins vous risquez un échec, et donc – selon sa logique – vous voilà en sécurité. Pour vous, ce n'est pas un bon arrangement.

Plus vous êtes en «sécurité» du fait des découragements récurrents de votre critique intérieur, moins vous pouvez vous épanouir dans votre vie privée ou professionnelle.

Ne laissez pas votre critique intérieur vous gâcher les choses ou vous déprécier. Que pouvez-vous faire ? Avant tout, arrêtez de lutter contre vous-même. Cela vous coûte trop d'énergie et vous complique la vie. Si vous établissez petit à petit un rapport sain et affectueux avec vous-même, votre critique intérieur aura de plus en plus de mal à défendre sa position. Il sera certes toujours là, mais vous le prendrez moins au sérieux, parce que vous serez convaincu d'avoir toutes les capacités nécessaires et – surtout – l'autorisation pour atteindre vos buts dans la vie.

Nous redoutons toujours la critique des autres, alors que le plus sévère et impitoyable des critiques se trouve dans notre tête, et il est littéralement capable de nous tyranniser. La manière dont vous communiquez intérieurement avec vous-même détermine l'intégralité de votre pensée et de votre vécu. Entraînez-vous à vous parler gentiment, avec bienveillance et respect, c'est ainsi que vous renforcez votre valeur et votre confiance en vous. À ce sujet, je vous invite à lire également au chapitre 2 : « Découvrir son soutien intérieur »

APAISER LE CRITIQUE INTÉRIEUR

Lorsque vous êtes confronté à de nouveaux défis et que ça vous donne envie de vous cacher sous la couette, cela signifie que votre critique intérieur est à l'œuvre. Grâce à cet exercice, vous entrez en contact avec lui et vous pouvez – en l'appréhendant davantage – le calmer pour qu'il ne fasse plus que son boulot normal : vous indiquer ce à quoi vous devez prendre garde en priorité.

1. QUE DIT-IL ?

À la prochaine occasion, écoutez attentivement votre critique intérieur. Que dit-il ?

____

____

____

____

2. QUI EST-IL ?

Le critique intérieur est souvent un mélange entre une ancienne personne d'autorité et votre propre « moi » hésitant. Soyez attentif à ce qu'il dit : à quelle personne de votre passé – qui n'a plus aujourd'hui de pouvoir sur vous – appartient cette voix ?

____

____

____

____

3. À QUEL POINT A-T-IL RAISON ?

Questionnez sa critique. Est-elle justifiée ? Si oui, est-elle constructive ? « Avec ce trou dans ton CV, tu n'as aucune chance à l'entretien. N'y va même pas ! » : cet avertissement peut vous conduire à clarifier et à justifier ces espaces de temps entre vos différents emplois et vous aider à mieux vous préparer. Répéter l'entretien d'embauche peut également s'avérer utile.

Là où mon critique intérieur a raison :

___

___

Ce que je peux faire en conclusion :

___

___

4. VOTRE CONTRE-EXEMPLE ?

Lorsque votre critique intérieur murmure « Ça va encore rater », réfléchissez : dans quelles situations similaires cela a-t-il marché ? Dans quel domaine, grâce à vos qualités, ça s'est bien passé ?

Lorsque mon critique intérieur dit ça…

___

___

… je peux rétorquer ça…

___

___

5. VOS NOUVELLES VALEURS

Avant, vous deviez toujours être parfait, maintenant vous avez le droit de vous reposer davantage, de soupeser, de vous sentir insécurisé… Observez votre collage et votre liste « Ça, c'est moi » : les choses que vous murmure votre critique intérieur correspondent-elles encore à vos critères ?

Avant, il était important que…

___

___

Aujourd'hui, en revanche, je peux…

___

___

___

COMMENT VOTRE POSTURE VOUS INFLUENCE

Comment sont vos épaules en ce moment ? Grandissez-vous de quelques centimètres lorsque vous redressez consciemment votre dos ? De quoi les coins de votre bouche ont-ils l'air lorsque vous vous contemplez dans le miroir, le visage détendu ? Remontent-ils légèrement ?
Les scientifiques ont pu prouver que notre langage corporel n'influence pas seulement notre entourage, mais avant tout nos propres émotions et notre perception de nous-mêmes.

Au cours d'un projet de recherche, on a demandé à une partie des participants d'adopter une posture droite et fière, tandis que l'autre devait s'afficher la tête baissée entre les épaules. Puis on a comparé les valeurs hormonales des deux groupes : la posture négative fait augmenter la production d'hormones de stress, la positive enclenche la production de testostérone. Nous avons besoin de la testostérone pour nous sentir stimulés, efficaces et capables de nous imposer.
Au cours d'une autre expérience, les scientifiques ont simulé un entretien d'embauche. Juste avant de commencer, certains participants devaient à nouveau adopter une posture négative, et les autres, une posture positive. Ensuite, il leur fallait exposer leur CV à des « supérieurs hiérarchiques » dont la mission était de rester totalement impassibles. Une situation qui stresserait et déstabiliserait même le plus confiant d'entre nous.
Pour conclure, on demanda à un troisième groupe qui ignorait tout de cette expérience de choisir les personnes à embaucher. Résultat : ce sont majoritairement les personnes ayant affiché auparavant une posture positive qui ont été retenues. Elles ont réussi à paraître relativement plus détendues et convaincantes, malgré la situation de stress, tandis que les autres semblaient visiblement plus hésitantes et nerveuses.

LE CORPS ET L'ÂME FORMENT UN TOUT

L'expérience a démontré qu'à long terme la posture a des répercussions même sur notre état d'esprit personnel et, par conséquent, sur ce que l'on dégage, notre aura. Car le corps et l'esprit forment un tout, ils ne fonctionnent pas séparément,

> Le corps influence notre esprit et l'esprit influence notre corps.

Faites l'expérience !

★ Le mieux, c'est que vous testiez tout de suite à quel point votre posture influence votre bien-être. Asseyez-vous sur une chaise avec un crayon et votre carnet de notes à côté de vous.

Posture blasée

★ Prenez une position désintéressée et indifférente. Vous pouvez vous recroqueviller sur votre chaise, arrondir le dos et laisser tomber les épaules et les coins de votre bouche. Ou alors posez le menton dans vos mains et regardez devant vous sans expression aucune.

Observez-vous dans cette posture. Comment vous sentez-vous ? Notez des mots-clés.

Posture intéressée

★ Maintenant, levez-vous, étirez-vous et asseyez-vous ensuite comme si vous étiez plein d'énergie et de curiosité : vous vous campez bien droit sur votre chaise, votre regard éveillé fixe un but, votre bouche forme un léger sourire et votre visage tout entier exprime une curiosité empreinte d'espoir. Comment ressentez-vous cette posture ? Notez encore votre ressenti.

Comparez

★ Maintenant, relevez-vous, détendez-vous et lisez vos notes. Vous allez constater que vous avez ressenti bien plus d'énergie et de dynamisme dans la posture intéressée que dans la blasée.

★

Votre posture est un facteur déterminant pour votre bien-être. Grâce à elle, vous pouvez modifier d'un moment à l'autre votre état d'esprit de manière significative.

DES POSTURES QUI VOUS RASSURENT IMMÉDIATEMENT

Conseils pratiques

Grâce à ces postures, vous chassez immédiatement vos émotions négatives et vous gagnez en force et en énergie. Un sourire accentue l'effet, essayez !

★ *Confiance en soi : posture de base*

Adoptez le plus souvent possible cette posture pleine d'assurance : vos pieds sont écartés à la largeur de vos hanches, votre dos est droit et vos épaules, légèrement en arrière. Soulevez un peu votre menton, votre regard se dirige droit devant vous. Si vous vous trouviez face à une personne de votre taille, vos deux regards se croiseraient à la même hauteur.

Vous pouvez également pratiquer cette position en station assise : redressez le dos et posez les pieds sur le sol avec un écart égal à la largeur de vos hanches.

Choisissez un petit bracelet ou un autre accessoire pour vous souvenir d'adopter cette posture durant la journée.

★ *Levez la tête !*

Ce ne sont pas des paroles vaines : pour vous sentir mieux, levez la tête ! Il suffit de ne plus fixer votre regard sur le sol pour élargir votre horizon et vous trouver plus à l'aise.

★ *L'énergie en société*

Lorsque vous vous retrouvez en société, prenez conscience de votre allure, pensez à vous redresser et placez votre tête en position « digne ». Haussez légèrement la tête de manière que votre menton soit un peu avancé. S'imaginer être lié à l'univers ou à une source personnelle d'énergie peut parfois aider à trouver la bonne posture.

★ *Puiser de la force lorsque vous êtes seul*

Passez à la position du vainqueur : mettez-vous debout, les jambes bien écartées, formez un V avec vos bras et souriez comme si vous veniez de remporter un Grand Prix.

Vous pouvez renforcer l'effet en vous regardant dans le miroir. Au début, cela peut vous paraître bizarre, mais vous verrez, plus vous vous encouragez en souriant, plus cette image s'ancre dans votre inconscient, et votre confiance en vous augmente.

Cette position du vainqueur a été testée de manière scientifique : en très peu de temps, elle fait baisser de 24 % le taux de cortisol (le plus important indicateur de stress) dans le sang ! Parallèlement, le taux de testostérone remonte – comme si on avait réellement gagné. Dès que vous laissez retomber la tête et les épaules, votre taux de cortisol remonte – en même temps que votre niveau de stress.

D'autres postures qui donnent la pêche

D'autres postures pour avoir immédiatement plus d'énergie et de bien-être :

1. Se redresser, se grandir et « embrasser le monde ».
2. Écarter les jambes et poser les mains sur les hanches.
3. Se laisser nonchalamment retomber dans le fond de sa chaise, croiser les bras derrière la tête et sourire !

Entraînez-vous au quotidien

Exercez-vous tous les matins pendant quelques minutes et choisissez votre posture préférée. Pratiquez-la de temps en temps pendant la journée – par exemple à l'heure du déjeuner. Vous allez vite constater que vous avez plus d'énergie pour commencer la matinée et que vous vous sentez globalement mieux dans votre peau.

Chapitre 2

Le courage de vivre sa vie : découvrez ce que vous voulez vraiment

Dans ce chapitre, vous apprendrez :

- que vous avez le droit de profiter de votre vie, de lui faire confiance et d'être bienveillant avec vos besoins ;
- pourquoi la responsabilité est si importante ;
- pourquoi les échecs vous font avancer ;
- qui vous soutiendra ;
- comment reconnaître ses objectifs et fixer ses limites.

VOUS AVEZ LE DROIT D'ÊTRE BIENVEILLANT AVEC VOUS-MÊME

Statistiquement, si vous êtes une femme, vous avez une espérance de vie de 86 ans, si vous êtes un homme, c'est 83 ans, ce qui fait un minimum de 30 300 jours sur terre. Si on enlève un tiers pour le sommeil, il reste 20 200 jours, un temps trop précieux pour le laisser filer ou pour le passer à se plaindre.

Ordinairement, on ne pense pas à la mort. Nous traversons les journées comme si on avait tout le temps du monde, on vit de week-end en week-end et on est principalement occupé à des choses qu'on n'a pas vraiment envie de faire. Nous passons une grande part de notre vie à croire que notre bonheur dépend des autres : si seulement notre patron nous reconnaissait à notre juste valeur, si seulement notre partenaire nous comprenait mieux, notre vie serait tellement agréable ! Et si, en plus de ça, on avait assez d'argent – ce serait merveilleux ! Mais telle qu'elle se présente, la vie se révèle stressante, fatigante et dénuée de joie. Et comme nous ne pouvons rien y changer, nous nous résignons et restons coincés dans notre souffrance.

LE BON COMPORTEMENT ENVERS SOI EST LA CLÉ D'UNE BELLE VIE

Ce sentiment de mal-être n'est pas seulement à mettre sur le compte de circonstances extérieures, il vient principalement de la manière dont nous gérons notre vie. Les recherches ont montré que notre comportement et nos pensées contribuent à 40 % à notre bien-être, 10 % seulement sont à liés à des circonstances extérieures et les 50 % restants sont hérités.

Notre pensée et nos actions représentent de puissants outils pour remodeler notre vie, encore et encore.

Nous vivons tous dans un monde où le superficiel prime. Avoir plein d'argent et pouvoir s'offrir des choses onéreuses, on appelle ça « la belle vie ». Vous aussi, vous comptez certainement parmi vos connaissances des gens qui aspirent à la propriété et à la reconnaissance, parce qu'ils sont convaincus que c'est la clé du bonheur. Et peut-être le pensez-vous également. Une vie vraiment heureuse et satisfaisante n'est liée que très partiellement aux circonstances extérieures : son point d'ancrage se trouve dans la bienveillance envers soi et dans un état d'esprit positif, détendu et confiant.

FAIRE CONFIANCE À LA VIE

Lorsque nous nous sentons malheureux, nous en déduisons rapidement que nous avons fait quelque chose de travers, ou que la vie nous a joué un tour, mais nous oublions que les moments difficiles font partie de la vie autant que les temps d'insouciance, et que le bonheur n'est que passager – personne ne peut être heureux en permanence. Nous ne connaissons le bonheur et la satisfaction qu'à condition de vivre et d'endurer les deux autres pôles : le malheur et l'insatisfaction. Aussi douloureux que cela puisse paraître.

Avec le recul, nous constatons que ce sont souvent les crises qui nous ont fait avancer.

Les crises nous ont amenés à penser autrement et à trouver de nouvelles solutions. Nous sommes souvent surpris de comprendre à quel point la vie nous a soutenus dans les temps difficiles, parce qu'elle nous a fait rencontrer la bonne personne, le bon livre ou le bon endroit. Voilà une raison suffisante de se réconcilier avec la vie, pour rester curieux de tout ce qui nous attend et en faire le meilleur.

« Il ne s'agit pas d'ajouter des jours à la vie, mais d'ajouter de la vie à nos jours », a dit le médecin anglais Cicely Saunders. Dès que vous avez intégré au fond de vous-même que les moments difficiles sont autorisés, que rien ne vous oblige à toujours réussir et que vous avez malgré tout le droit de vous aimer – vous, ainsi que votre vie –, vous faites un énorme pas en avant en ce qui concerne votre confiance en vous. Car vous avez gagné en sérénité, en assurance et en liberté intérieure. Il n'en faut pas plus pour accepter chaque jour de votre vie tel qu'il est – facile ou difficile – et pour tirer profit de ses possibilités.

COMMENT BIEN GÉRER VOS BESOINS

Conseils pratiques

Vous pouvez être bienveillant envers vous-même seulement si vous savez ce qu'il vous faut pour votre bien-être. Si vous vous trouvez actuellement confronté à un projet professionnel difficile mais que vos collègues vous interrompent sans cesse, vous allez vraisemblablement finir par ressentir de la colère. Vous pouvez rester bloqué dans cette émotion, et votre énervement ira crescendo.

Et vous pouvez aussi vous demander de quoi vous avez besoin pour que votre énergie passe dans votre projet plutôt que dans votre colère.

Davantage de calme pour pouvoir à nouveau vous concentrer ? Alors demandez à ne pas être dérangé pendant les deux heures à venir et fermez la porte ; ou alors, vous trouvez un bureau vide dans lequel vous travaillerez à coup sûr tranquillement. Les conseils pratiques suivants vous aideront à gérer vos besoins de manière constructive.

★ *Que ressentez-vous ?*

Si vous ne vous sentez pas bien et que vous êtes énervé, respirez tout d'abord profondément. Ensuite, essayez de découvrir de quoi il retourne exactement. Plus vous arrivez à nommer précisément ce sentiment, mieux vous pouvez réagir. C'est inhabituel au début, mais avec un peu d'entraînement vous découvrirez vite l'origine de votre émotion.

★ *Quel est le besoin qui se cache derrière ?*

Lorsque vous avez identifié votre émotion cachée, réfléchissez au besoin à satisfaire pour vous sentir mieux. Si vous tombez de fatigue, ce peut être une pause ou globalement plus de sommeil. Les besoins physiques sont souvent plus faciles à identifier que les besoins psychiques. Faites-vous aider par l'observation intense de vos émotions (voir page 23).

★ *Comment satisfaire votre besoin ?*

Lorsque vous avez découvert votre besoin, comment le satisfaire ? N'oubliez pas : vous êtes un adulte maintenant et non plus un enfant dépendant. Vous voilà aujourd'hui responsable de votre bien-être, et il vous appartient de décider par vous-même comment gérer vos besoins.

★ *Qui est en mesure de vous soutenir ?*

Parfois, nous n'avons pas la possibilité ou la capacité de satisfaire notre besoin. Par contre, d'autres personnes l'ont, alors posez-vous la question de savoir de qui il pourrait s'agir et formulez votre demande de soutien. Ne vous cachez pas derrière des mots comme « on » ou « nous » : dites « je » – cela concerne vos besoins, après tout. Au début, c'est un chamboulement, mais plus vous ferez attention à votre langage, plus vous serez connecté à vous-même et prendrez en compte vos besoins.

★ *Développer des stratégies*

Il y a toujours plusieurs stratégies pour satisfaire un besoin. Ajoutez les colonnes « Besoin » et « Comment satisfaire mon besoin » à votre carnet de notes. Supposons que vous ayez un besoin de reconnaissance, vous pourriez prendre en charge un projet ou une mission de volontariat, par exemple dans un refuge pour animaux, et l'inscrire dans votre carnet. Ou vous notez vos défis personnels et vous vous récompensez vous-même par de la reconnaissance. Plus vous cumulez de choix, plus vous aurez la possibilité d'affronter des situations différentes.

★ *L'importance du renoncement*

Voici un fait indéniable : c'est une question de confiance en soi que de reconnaître ses besoins et de s'efforcer de les satisfaire. Mais savoir renoncer à quelque chose est également un signe de gestion responsable de soi et des autres, car ce renoncement est dicté par un élément plus important. Si vous avez des doutes quant à la hiérarchie de vos actions, établissez une échelle de 1 à 10 dans votre carnet de notes et demandez-vous à quel point la satisfaction d'un besoin est une nécessité. Commencez par 1 pour les choses peu importantes et terminez par 10 avec vos priorités : vous aurez ainsi déterminé une base de décisions.

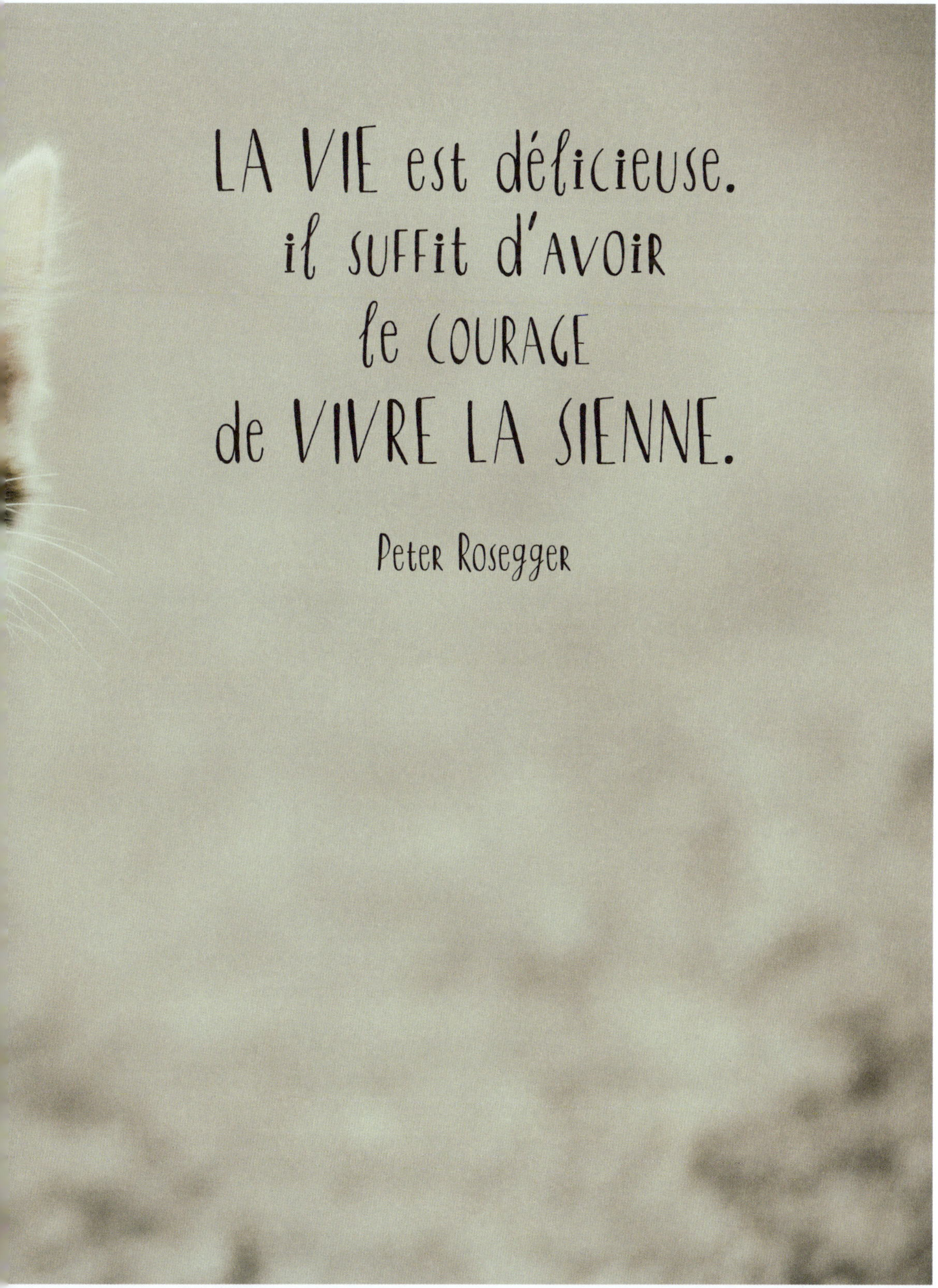
LA VIE est délicieuse.
il suffit d'avoir
le courage
de VIVRE LA SIENNE.
Peter Rosegger

RESTER EN CONTACT AVEC SOI-MÊME

L'auteur et coach mental américain Charles R. Swindoll aurait dit un jour qu'il croyait fermement que sa vie était composée seulement à 10 % de ce qui lui arrivait et à 90 % de sa façon de le gérer. Et c'est vrai qu'on se demande parfois comment certaines personnes font pour retrouver si rapidement goût à la vie après un coup dur. On appelle « résilience » cette faculté de récupérer, en se concentrant sur ses forces et faiblesses, après des échecs ou des chocs. Et la confiance en soi s'avère un facteur très important de la résilience, tout comme l'épanouissement et l'optimisme.

La résilience n'est pas innée, elle s'apprend.

Et il existe heureusement beaucoup de moyens pour entrer en contact avec vos besoins et donc pour renforcer votre confiance en vous. L'important, c'est la régularité avec laquelle vous pratiquez pour que cela devienne une habitude et entraîne un changement durable (voir aussi, page suivante, le chapitre « Prendre la responsabilité de soi »).

Écouter sa respiration

»—→ Notre respiration assure le lien le plus direct avec notre intérieur – elle nous révèle beaucoup de choses sur notre état physique et psychique. Si vous êtes énervé, vous respirez plus rapidement ; si vous êtes calme et détendu, vous respirez tranquillement et régulièrement. Le moyen le plus simple et rapide pour entrer en contact avec vous-même consiste à interrompre votre activité plusieurs fois par jour pour écouter votre respiration.

Apprendre à méditer

»—→ La méditation est une manière formidable pour renforcer le lien avec soi et clarifier ses émotions. Elle vous amène à observer vos pensées et émotions sans les juger, juste en les accueillant dans le moment présent. Avec le temps, vous n'aurez plus besoin de vous trouver au calme à la maison pour méditer, vous serez capable dans votre vie quotidienne également de bloquer les sensations extérieures pour concentrer votre perception sur votre intérieur. Ainsi, vous pourrez ressentir à n'importe quel moment ce qu'il se passe en vous. Vous trouverez beaucoup de livres et de CD pour vous initier à la méditation, ainsi que des cours pour apprendre l'art de l'introspection.

S'entraîner à ne rien faire

»⟶ Lorsque vous rentrez du travail le soir, changez-vous, enfilez des habits douillets et ensuite ne faites tout simplement rien. Mais vraiment rien, sauf profiter de ce temps totalement libre avec vous-même et votre café ou thé préféré.

Prendre rendez-vous avec soi

»⟶ Notez toutes les semaines un rendez-vous « Je » dans votre agenda. Un moment exclusivement dévoué aux choses que vous avez toujours voulu faire sans jamais trouver le temps pour vous y consacrer. Il est très important que vous n'accomplissiez que ce qui vous fait plaisir et qui n'a aucun rapport avec le travail ou vos obligations. Un petit rendez-vous piscine ou cinéma par exemple ? Ou un café avec une copine dans un endroit que vous vouliez essayer depuis longtemps ?

Se faire plaisir

»⟶ Faites-vous plaisir tous les jours ! Ce peut être la table joliment dressée, un bouquet de fleurs, un coup de fil à une personne que vous aimez, ou la série du soir que vous adorez. Vous savez que ça vous fait plaisir parce que, rien qu'en y pensant, vous vous sentez bien.

Passer sa journée en revue

»⟶ Qu'est-ce qui vous a fait plaisir aujourd'hui ? Qu'est-ce qui vous a déplu ? Qu'est-ce qui n'est pas réglé ? Notez tout ce qui vous préoccupe encore, vous libérez ainsi la mémoire de votre cerveau sans crainte d'oublier. Terminez votre revue de la journée avec un bel événement, vous allez voir que même les journées les plus ratées contiennent leur petit rayon de soleil.

*La revue de la journée
est un rituel merveilleux pour
reprendre encore une fois
intensément contact avec soi
et pour dire paisiblement adieu
à cette journée passée
– avec tous ses hauts et ses bas.*

PRENDRE LA RESPONSABILITÉ DE SOI

Avoir davantage confiance en soi, se sentir mieux et prendre enfin sa vie en main – quelle belle idée ! Mais si vous ne faites rien pour la réaliser, ça restera juste une belle idée. Pour que les choses puissent changer, vous devez entrer en action et prendre la responsabilité de vous-même et de votre vie.

Peut-être ressemblez-vous à beaucoup de gens qui ont envie d'être plus sûrs d'eux : vous vous renseignez sur le sujet, vous recherchez sur Internet, vous vous documentez. Mais soyons honnêtes : vous n'avez pas encore eu le temps pour appliquer les exercices que propose par exemple ce livre, et les conseils pratiques, vous les avez déjà oubliés. Et il n'y a rien de plus normal, car le cerveau a besoin d'être conditionné encore et encore pour changer et pour pouvoir libérer de l'espace pour de nouvelles pensées.

Notre cerveau refuse en premier lieu tout ce qui vient bousculer son mode de pensée habituel. Et il se protège du changement par une bonne couche d'anciennes pensées.

Il est alors tout à fait possible que ce livre atterrisse également sur votre étagère et que vous ressentiez la déception que les choses n'aient pas changé. Mais ce n'est pas une fatalité – à condition que vous acceptiez la responsabilité de faire de nouvelles expériences.

S'ENGAGER POUR AVANCER

L'engagement – oh zut, ça signifie des obligations pénibles et désagréables ! Et c'est un fait que nous persévérons uniquement lorsque le plaisir nous anime ou lorsque nous nous sommes vraiment engagés – idéalement, un mélange des deux. Les propriétaires de chiens, par exemple, profitent de l'amour qu'ils portent à leur animal, mais ils ne sautent pas particulièrement de joie lorsqu'ils doivent le promener sous la pluie et le vent. Ils le font malgré tout, par obligation vis-à-vis de lui et parce qu'ils veulent que ce compagnon aille bien. C'est pareil avec l'apprentissage d'un instrument de musique, d'une langue ou avec le sport : ce qui importe, c'est d'avoir

Faites-vous également partie des gens qui ont peur de prendre des décisions et qui les repoussent tout le temps ? Parce que vous ne voulez pas endosser la responsabilité d'une erreur et de ses conséquences ? Si vous ne prenez pas de décisions, vous laissez ça aux autres et renoncez à devenir l'auteur de votre vie. Vous renoncez également à la confiance en vous, car vous ne pouvez pas la développer si vous n'acceptez pas de responsabilités. Lorsque vous vous retrouverez devant une prochaine prise de décision, rappelez-vous : il n'y a pas de bonne ou de mauvaise décision. Chaque choix a ses inconvénients et ses avantages, et même une résolution qui semble a priori contestable peut se révéler judicieuse après coup. Et si tel n'est pas le cas, rien ne vous empêche d'en prendre une autre. Vous avez le droit de vous tromper. C'est justement cette expérience qui vous enrichira. Que disait déjà le poète autrichien Heimito von Doderer si joliment ? « Les détours améliorent la connaissance des lieux. »

un objectif clair et la volonté de l'atteindre, car cela nous permet de nous entraîner avec assiduité, même si parfois ça nous coûte.

Les engagements sont une manière idéale pour accéder au bien-être, car ils nous permettent de vaincre notre résistance intérieure et d'accomplir quelque chose.

COMMENT SE MOTIVER

Lorsque vous vous posez les questions suivantes, « Comment pourrais-je améliorer cette situation avec les moyens dont je dispose ? » ou « Que puis-je faire pour avoir davantage confiance en moi ? », ou alors « Comment pourrais-je utiliser mes forces de manière qu'elles me soient utiles ? », vous êtes en train de prendre des responsabilités. Parce que vous vous confrontez aux expériences désagréables, que vous cherchez des solutions et que vous voulez tirer le meilleur de vos capacités. Sachez qu'une toute petite action suffit déjà pour vous prouver que vous avez changé de comportement par rapport à avant. Et c'est assez pour vous motiver à continuer dans la bonne direction.

PRENDRE DU RECUL

Exercice

Même dans des situations difficiles, il s'agit de prendre la responsabilité de sa vie, peu importe si les difficultés sont dues à des circonstances extérieures ou si on a contribué à leur apparition. Si vous vous sentez prisonnier d'émotions négatives et que le chemin vers la confiance vous semble trop long pour l'instant, le fait de prendre du recul par rapport à votre vécu intérieur peut vous aider. Une méthode très efficace consiste à dire « Stop ! » aux pensées.

★ Lorsque vous constatez que vous êtes en train de vous inquiéter pour des choses que vous ne pouvez pas changer dans l'immédiat, ou que votre critique intérieur se déchaîne, dites simplement « Stop ! » à haute voix – de préférence en y ajoutant votre prénom, par exemple « Stop, Barbara ! ». Vous marquez ainsi un temps d'arrêt et vous prenez du recul, car vous vous observez de l'extérieur.

★ Écrivez ce qui vous tracasse sur une feuille de papier et déposez-la dans une petite boîte, sur laquelle vous notez « Garage à pensées ».

★ Si vous n'avez pas de quoi écrire, construisez un « garage à pensées » intérieur, dans lequel vous pouvez entreposer vos pensées destructrices.

★ Une fois que vous avez fermé la boîte ou le « garage » mental, respirez un bon coup, assouplissez vos épaules et bâillez fort pour détendre votre mâchoire.

★ Ensuite, étirez-vous, redressez-vous et concentrez-vous sur quelque chose qui vous fait plaisir.

Votre pensée dérangeante n'est pas pour autant éradiquée, mais elle se trouve bien à l'abri et ne peut plus vous aspirer vers le bas. Lorsque vous aurez à nouveau assez de jugement et de force pour affronter ce qui s'est si violemment manifesté, vous pourrez ouvrir la boîte et attaquer le sujet avec une nouvelle énergie.

LÂCHER CE QUI NE ME CORRESPOND PLUS

Exercice

Presque tout le monde se trimballe d'anciens boulets. Le manque de confiance en soi est lié à notre passé familial, où tout ne s'est pas forcément déroulé au mieux (à la page 6). Souvent, il subsiste de vieux ressentiments et des blessures, des émotions qui nous influencent de manière subliminale et que nous devons reconnaître et lâcher, afin de prendre la responsabilité pour notre situation actuelle et future. Le lâcher-prise fonctionne à condition que l'on arrive à pardonner. Voici un exercice pour vous aider.

★ Installez-vous dans votre siège préféré et fermez les yeux. Imaginez un endroit où vous vous sentez bien et en sécurité et où – si vous le souhaitez – votre soutien intérieur (voir page 58) vous attend.

★ Inspirez et expirez profondément à plusieurs reprises. Lorsque vous avez trouvé votre endroit, imaginez que la personne à qui vous voulez pardonner arrive. Vous lui dites bonjour, vous vous asseyez et vous lui expliquez avec beaucoup de respect tout ce qui vous a vexé ou blessé, et qui continue à vous peser aujourd'hui encore.

★ Puis vous lui dites ce que cette expérience douloureuse vous a appris. Si vous ne le savez pas, posez la question. Vous obtiendrez une réponse.

★ Dites au revoir en prononçant les paroles suivantes : « Je te pardonne de tout mon cœur et je te remercie pour l'expérience que j'ai pu vivre avec toi. »

★ Répétez cette rencontre intérieure jusqu'à ce que vous remarquiez que l'évocation de cette personne ne provoque plus de ressentiments en vous.

Vous pouvez également vous servir de cet exercice pour vous pardonner ce que vous vous êtes fait par manque de confiance en vous.

TROUVER DES OBJECTIFS ET LES POURSUIVRE

Conseils pratiques

Franchement : avez-vous des objectifs ? Si non, ne vous inquiétez pas, c'est le cas de beaucoup de gens, même s'ils pensent en avoir. On confond souvent désirs et objectifs.

Les désirs

Lorsque nous avons envie de quelque chose, nous attendons que l'objet de nos désirs vienne vers nous. Comme un cadeau d'anniversaire ou de Noël : on a un souhait, on le formule ou on l'écrit sur une liste, puis on espère qu'il se réalise.

Les objectifs

Les objectifs, en revanche, nécessitent un engagement actif, et si on veut les atteindre, on doit faire des projets, être convaincu de leur pertinence et mettre en œuvre les moyens pour les réaliser.
Se fixer des objectifs est une chose. Les atteindre en est une tout autre. Voici les points importants :

Reconnaître ses envies

★ Les envies et les visions n'ont pas moins d'importance que les objectifs, car elles nous montrent ce que nous voulons réellement ; elles nous poussent à nous mettre en route et nous indiquent la direction comme le ferait une boussole. Lors de vos premiers pas, soyez attentif aux envies récurrentes et définissez votre envie la plus coriace comme objectif.

Fixez-vous des objectifs cohérents

★ Si vous voulez avancer dans la vie sur un sujet ou un projet, vous avez besoin d'objectifs élaborés avec intelligence. S'ils sont trop ambitieux, vous risquez de perdre votre motivation, et s'ils ne le sont pas assez, vous ne les prendrez pas au sérieux et vous ne mettrez pas l'engagement nécessaire pour les atteindre.

Définissez des objectifs intermédiaires

★ Lorsque le but fixé vous semble tout à fait accessible, mais que vous avez peur par exemple du grand changement que cela pourrait entraîner, définissez des buts intermédiaires. Ainsi, le chemin qui se dessine devant vous vous paraîtra moins effrayant. Sortir de la petite zone de confort si douillette que nous connaissons si bien nécessite pas mal d'efforts. C'est plus facile de le faire petit à petit pour se sentir mis au défi mais pas surmené.

Formulez vos objectifs de la manière la plus concrète possible

★ Au lieu de vous dire « J'aimerais bien faire mon exercice de confiance en moi », dites plutôt : « À partir de la semaine prochaine, je ferai tous les jours l'exercice suivant : je prendrai la posture du gagnant et je m'adresserai un sourire dans le miroir. »

Notez vos objectifs

★ Ça leur donne un certain poids et ils deviennent plus contractuels. C'est encore plus solennel si vous y apposez votre signature et si vous en confiez un double à une personne de confiance.

Évitez les « ne pas... »

★ Votre inconscient ne comprend pas la négation. Il transforme la phrase « J'aimerais bien ne pas être aussi peu sûr de moi » en « J'aimerais bien ne pas être sûr de moi ». Dites plutôt : « Je renforce ma confiance tous les jours. J'accepte les défis et j'affronte avec courage les nouvelles expériences. »

Mettez votre objectif en lumière mentalement

★ Imaginez à quoi ressemblerait votre vie quand vous aurez atteint votre objectif. Faites cela le plus souvent possible et de la manière la plus réaliste possible. Votre cerveau pense en images et les transmet à votre inconscient, qui se charge de rendre visible à l'extérieur votre état intérieur.

Restez sur le coup !

★ Les difficultés font partie du chemin. L'habitude est une seconde nature chez l'homme, et votre schéma de pensée refuse d'entrée tout changement. Mais si vous vous montrez persévérant et patient dans votre démarche à imposer la nouveauté que vous désirez, elle sera bientôt intégrée à votre système.

L'ÉCHEC EST PERMIS – FORT HEUREUSEMENT !

Échouer – voilà un mot qui ne sonne pas bien. On est déçu, démotivé, et on ressent peut-être même un peu de honte de ne pas avoir atteint son objectif. Dans notre société axée sur la performance, l'échec est souvent synonyme d'ignorance et de faiblesse, et on se passerait bien de l'expérience douloureuse provoquée par les insuccès et les erreurs. Mais ils sont inévitables, car ils font partie du développement humain. La question consiste plutôt à savoir comment nous les appréhendons afin de les transformer en « échecs intelligents ».

Que les échecs ne soient pas exactement la condition idéale pour se sentir en confiance et bien dans sa peau, cela ne fait aucun doute. Mais lorsqu'on a passé un certain temps à panser ses plaies et à digérer sa déception, on se rend compte qu'un nouveau champ de possibilités s'ouvre à nous. « Les échecs font grandir » et « On apprend en faillant » : ces adages populaires ne viennent pas de nulle part, car justement l'échec abrite un message unique et important qui déclenche réellement le processus de développement personnel.

Celui qui échoue prend connaissance de ses limites pour les dépasser.

UN RATÉ – QUI TOURNE EN SUCCÈS !

Vous connaissez certainement les Post-it, ces petits papiers jaunes bien utiles que l'on peut coller partout. À la base, le chimiste Spencer Silver avait l'intention d'inventer une super-colle, mais l'expérience a totalement raté : il a obtenu un adhésif très dilué dont l'utilisation n'aboutit qu'à des objets collés mais facilement amovibles. Un collègue de Silver l'appliqua plus tard sur ses marque-pages, pour éviter qu'ils ne tombent de sa partition pendant la chorale à l'église. Ainsi naquit le Post-it, qui fut même cité comme l'une des inventions les plus importantes du XXe siècle par le journal américain Fortune.

La glace sur bâtonnet fut conçue en hiver 1905, grâce à Frank Epperson, alors

âgé de 11 ans, qui mélangea dans un verre de la limonade et de la poudre effervescente avec un petit bâton en bois. Puis il le posa par mégarde sur le rebord de la fenêtre. Il oublia son breuvage, alla se coucher et, lorsqu'il se réveilla le lendemain, il découvrit dans son verre un petit bloc de glace coloré avec un bâtonnet. Il le démoula, le goûta et le trouva délicieux. À l'âge adulte, au cours d'un été très chaud, Epperson se souvint de sa glace limonade et déposa le brevet. À l'époque, la plupart des ménages disposaient déjà d'un réfrigérateur avec un compartiment à congélation. Et ainsi débuta le succès mondial des sucettes glacées.

La pénicilline également : le plus vieil antibiotique est le résultat d'une négligence. Le bactériologue écossais Alexander Fleming avait injecté une bactérie dans un tube à essai puis oublié d'en jeter le contenu après expérience. Lorsqu'il fut de retour de vacances, la culture de bactéries était couverte de moisissure, ce qui empêchait les bactéries de proliférer. Et la pénicilline fut découverte.

L'ÉCHEC COMME UNE CHANCE

Lorsque vous vous relevez d'un échec et êtes un tant soit peu remis, vous avez la possibilité de tout reconsidérer sous un nouvel angle. Le plan A n'a pas marché, passons au plan B, et si celui-ci échoue également, on passe au plan C. L'échec constitue dans le bon sens du terme un nouveau début pour arriver là où vous voulez.

Contemplez votre vie. Un échec, une défaite ou une erreur ont-ils eu des conséquences positives ? Quelles nouvelles idées vos mésaventures antérieures vous ont-elles inspirées

S'ENTRAÎNER À LA CONFIANCE EN SOI

Exercice

Entraînez-vous à l'aide de cette check-list à tirer le meilleur des échecs : vous pouvez vous y référer en cas de besoin et ainsi renforcer votre confiance en vous. L'exercice vous fait également gagner en assurance et développe d'importantes capacités qui vous seront utiles dans votre vie tant professionnelle que privée. Vous pouvez vous en servir quotidiennement en diverses occasions.

CHECK-LIST : COMMENT BIEN GÉRER MON ÉCHEC

O.k., je suis en train de vivre
un naufrage.
Voilà ce que je peux faire :

★ La déception, la tristesse, la confusion ou la honte : ces sentiments n'ont rien de plaisants, mais j'essaie de voir s'ils peuvent m'être utiles. L'expérience de ce mal-être va me pousser à éviter de recommencer la même erreur. Même si ça fait mal, j'y discerne une manière efficace d'apprendre et d'avancer.

★ J'avoue mon erreur. Je mets ainsi toutes les chances de mon côté pour en tirer une leçon et je me fais respecter par les autres, parce que je l'assume. Peu de gens ont le courage d'avouer ouvertement leurs fautes, alors que c'est sympathique et humain. Tout comme le fait de se tromper.

★ J'essaie d'accepter le fait qu'aucune marche arrière n'est possible et que les « Pourquoi ? » et les « Je n'aurais pas dû ! » ne m'aident pas du tout à avancer. Je m'efforce de ne pas en faire un drame en me remémorant d'autres erreurs passées ou en me remettant totalement en question. Au lieu de ressasser tout ça, je me lève, je me redresse et je regarde devant moi.

★ Comme j'ai compris ce qu'il ne fallait pas faire, j'essaie à nouveau d'arriver à mes fins, mais par d'autres chemins. Peut-être devrais-je revoir mes objectifs ? Mon échec n'est pas une catastrophe, ce serait bien plus grave d'abandonner maintenant.

- Qui sait, peut-être est-ce un mal pour un bien ? Je pense à toutes ces inventions géniales qui ont vu le jour parce que quelqu'un a changé d'idée après une erreur. Si ça rate, c'est probablement pour le mieux !
- Est-ce que, dans mon entourage, on gère les échecs de manière positive et constructive ? Ai-je la possibilité de changer cela ? Si non : devrais-je prévoir de me retirer de cet environnement ?

JOUEZ À VOUS FAIRE CONFIANCE !

La méthode « Faites comme si » est parfaite quand vous n'osez pas vous lancer et que vous avez envie de vous débiner.

Prenez une demi-heure et choisissez un projet ou un but qui vous met en position d'insécurité. Imaginez maintenant que vous n'avez aucun doute de pouvoir mener cette affaire à bien. Quel sentiment cela fait-il naître en vous ? Comment vous comportez-vous dans ce cas avec les autres, par exemple votre voisin qui râle en permanence, le prof de votre enfant, vos collègues ? Comment vous sentez-vous lorsque vous restez neutre et factuel devant votre patron impatient ou que votre rendez-vous prend une bonne tournure ?

Jouez cette situation dans laquelle vous assurez avec courage, révisez-la en détail – d'abord sur votre canapé, ensuite devant le miroir :

- Comment vous présentez-vous ? Quel est votre langage corporel (voir les postures positives pages 36-37) ?
- Que dites-vous lorsque vous êtes convaincu de votre sujet et que vous vous sentez à l'aise ?

Si vous répétez cet exercice à temps, tous les jours pendant environ deux semaines avant votre défi, vous remplacerez petit à petit la vieille rengaine « Je n'y arriverai pas » par une nouvelle : « Je vais y arriver ! »

Ces images, ces idées et exercices pour une maîtrise courageuse de la situation envoient un message à votre inconscient : celui que vous allez réussir. Plus tard, lorsque la situation deviendra réelle, vous vous sentirez mieux et plus confiant.

DÉCOUVRIR SON SOUTIEN INTÉRIEUR

Tout comme il existe le critique intérieur, il y a également un soutien intérieur qui sommeille en nous. C'est cette part de nous qui nous voue une bienveillance sans condition, qui veut que nous allions bien et que nous croyions en nous. Si nous avons peu confiance en nous, cette voix du soutien intérieur se fait très timide et nous l'ignorons – aussi parce que notre critique intérieur la couvre. Mais nous pouvons apprendre à l'entendre et à augmenter son volume. Plus nous percevons cette voix positive de manière distincte, plus nous gagnons en énergie et en courage pour vivre petit à petit la vie que nous désirons.

Le soutien intérieur est une source d'énergie et de force puissante et nous offre ce dont nous avons besoin pour bien vivre : l'acceptation, la confiance, l'amour inconditionnel.

Il est là pour nous, de jour comme de nuit, et il ne veut que notre quiétude.

Pour certaines personnes, cette force s'appelle Dieu. D'autres la nomment « l'ange gardien », « la puissance supérieure », « l'amour », « le bien », « la nature » ou « l'Univers ». Pour d'autres en revanche, c'est un saint de leur religion. Certains encore considèrent le soutien intérieur comme une autre personne qui leur donne de la force rien qu'en l'invoquant en pensée. Cela peut même être une personne défunte.

Peu importe qui est votre soutien intérieur, ce qui compte, c'est d'abord que vous vous sentiez bien avec lui dans ce que vous entreprenez, et que le seul fait d'y penser fasse circuler vos énergies positives.

CONSTRUIRE SON PROPRE SOUTIEN INTÉRIEUR

Si vous rencontrez des difficultés à percevoir cette voix intérieure positive, alors concevez votre compagnon selon vos souhaits, exactement selon l'utilité que vous en attendez.

Que demanderiez-vous à quelqu'un qui serait là pour vous de manière inconditionnelle ? Que devrait-il faire pour vous ? Quand devrait-il être présent pour vous ?

Imaginez une situation difficile à venir. Que devrait vous dire votre soutien intérieur pour que vous puissiez croire en vous ?

Fermez les yeux et visualisez votre soutien intérieur. Prenez votre temps et, lorsque vous disposez d'une image, dessinez un symbole le représentant.

Notez ce symbole sur un papier. Ce peut être un arbre qui vous évoque la force et la solidité, ou un cœur qui vous rappelle l'amour et la confiance de votre grand-mère. Ce symbole est maintenant connecté à l'image intime et au message de votre soutien intérieur. Portez-le sur vous et regardez-le autant de fois que nécessaire jusqu'à ce que vous entendiez la voix encourageante et bienveillante de ce soutien intérieur, et que vous ressentiez à quel point cela vous fait du bien.

ÊTRE OUVERT ET POSER DES LIMITES

Ça vous rappelle certainement quelque chose : vous arrivez au milieu d'une foule, par exemple à une fête, vous ne connaissez personne, tout le monde discute autour de vous et vous vous sentez de trop. Vous aimeriez partir sur-le-champ. Et si votre hôte ne vous présente pas vite aux autres pour établir des liens, vous êtes réellement en état de stress.
Alors que vous représentez, avec votre personnalité et votre parcours unique, un enrichissement pour n'importe qui ! Votre expérience peut valoir de l'or pour d'autres, parce que vous avez connu des situations qu'ils ont eux aussi vécues. Se rappeler la richesse de ses propres expériences représente une aide précieuse pour nouer des liens.

LES AUTRES AUSSI SONT DES CADEAUX

Tout comme vous enrichissez les autres grâce à votre personnalité, le contact avec eux est un cadeau pour vous.
Si vous pensez « Il y en a plein dont je pourrais me passer », essayez de prendre en considération les aspects positifs des gens qui vous entourent et non pas leurs défauts.

Traitez les autres avec respect. Et s'ils se comportent mal avec vous, ne leur rendez pas la monnaie de leur pièce.

J'avoue, c'est parfois difficile, mais gardez votre dignité. Votre amour-propre, ce ne sont pas les autres qui vous le donnent, mais vous-même. Si quelqu'un vous traite de manière inappropriée, vous pouvez y voir une occasion de renforcer votre confiance en vous – en vous défendant et en fixant des limites. Vous signalez ainsi clairement que l'on ne peut pas vous traiter de la sorte (voir page 62).

Comme vous le savez déjà, le fait qu'une rencontre se passe bien ou pas dépend surtout de votre état d'esprit. Ainsi :

★ Accueillez les autres avec curiosité et ouverture d'esprit, prenez conscience de leur richesse et de leurs possibilités : « Je suis curieux de découvrir ce qui se cache derrière cette personne et de ce qu'elle apportera à ma vie. »

★ Le sourire fait des miracles ! Vous allez voir : le contact est plus vite établi. « Le chemin le plus court entre deux personnes est un sourire », disaient déjà les sages chinois.

★ Montrez-vous bienveillant et intéressé. Regardez votre vis-à-vis dans les yeux, posez des questions, et si vous connaissez le nom de votre interlocuteur, prononcez-le. Ça fait du bien à tout le monde d'être appelé par son nom !

★ Respectez la liberté des autres comme vous aimeriez qu'on respecte la vôtre. Et ne vous attendez pas à des réactions prédéfinies (voir aussi page 79).

★ Expliquez-vous calmement avec les personnes qui se sont mal comportées avec vous, évitez de le faire lorsque vous êtes encore en colère ou que vous vous sentez blessé. Si leur attitude perdure malgré votre explication, réduisez le contact ou interrompez-le complètement.
Comme cela est impossible avec vos collègues ou votre supérieur hiérarchique, adoptez alors vis-à-vis d'eux une conduite aussi distante et aimablement neutre que possible.

VOUS CHANGEZ – VOS RELATIONS ÉGALEMENT

Si vous développez plus d'assurance, les rapports avec des personnes que vous connaissez de longue date peuvent se révéler plus difficiles, car vous êtes devenu plus actif, vous prenez davantage de décisions. Vous voilà dans un nouveau rôle, ce qui met les relations parfois à rude épreuve – certaines n'y survivent pas et doivent se terminer. Mais on peut aussi réussir à reconstruire certains liens sur de nouvelles bases plus égalitaires. À condition que chacun y mette du sien. Grandir intérieurement est un processus intense et peut engendrer des douleurs émotionnelles, mais restez confiant : vous allez rencontrer de nouvelles personnes avec lesquelles vous vous sentirez sécurisé, pris en charge et bien accueilli.

NON, C'EST NON !

Dans nos rapports avec les autres, il importe de poser des limites. Pour ça, il faut savoir dire « non ». Si votre collègue vous demande de prendre en charge son projet ou que votre famille pense que la prochaine réunion devrait encore avoir lieu chez vous, « parce que c'était tellement chouette la dernière fois », mais que vous avez la tête sous l'eau et que la dernière chose dont vous avez besoin est une nouvelle obligation, il s'agit d'avoir le courage de refuser. Car avoir confiance en soi veut aussi dire ne pas se laisser accaparer par les désirs des autres et poser des limites saines.

Particulièrement si vous avez tendance à vouloir faire plaisir à tout le monde et à ignorer vos propres désirs par peur de provoquer de la colère ou de la vexation et de vous sentir définitivement rejeté. Nous avons besoin du soutien des autres, c'est évident, mais avant tout nous avons aussi besoin de notre propre soutien pour nous encourager et nous pousser à aller de l'avant.

Réaliser les désirs des autres pour être aimé est un comportement enfantin, vous pouvez vous en débarrasser en toute confiance. Dans votre monde adulte, les règles ont changé, et vous avez le droit d'avoir vos propres intérêts et désirs : ils vous aident à rester en bonne santé et à vous développer. Et si vous vous prenez au sérieux avec vos propres intérêts, vous allez faire l'expérience surprenante que les autres ne vous en aimeront pas moins. Aussi incroyable que cela puisse paraître.

Dans la vie,
il s'agit essentiellement
de poser des limites
et de rester en contact
avec soi-même
et les autres.

ENTRAÎNEZ-VOUS À DIRE « NON »

Si quelqu'un vous demande un service, ne répondez pas tout de suite, dites que vous devez consulter votre agenda et que vous donnerez votre réponse ultérieurement. Ça vous octroie le temps de réfléchir tranquillement. Peut-être voulez-vous aider pour des raisons personnelles ? Il ne s'agit pas de répondre systématiquement « non », mais plutôt de déterminer si vous avez envie de consacrer votre temps et votre énergie à une autre personne et, si ce n'est pas le cas, d'être en mesure de refuser.

Si vous arrivez à la conclusion que vous ne souhaitez pas accepter, entraînez-vous à dire « non ». Parlez à votre image dans le miroir : « Je suis désolé, mais je n'ai pas le temps. » C'est suffisant. Vous n'avez pas besoin d'expliquer ou de justifier votre décision, et si votre vis-à-vis ne lâche pas l'affaire et essaie de vous convaincre, vous pouvez demander gentiment, mais fermement, quelle est la partie du « non » qu'il n'a pas comprise. Ainsi, votre détermination est claire. Au début, vous devrez peut-être vous forcer, mais plus vous prononcerez ces phrases, plus elles deviendront évidentes pour vous, et vous ne vous sentirez plus mal à l'aise au moment de refuser quelque chose. La première fois que vous formulerez un « non » face à quelqu'un, cela provoquera de l'effet en vous – mais vous serez bien préparé, et l'idée de le faire pour vous-même, pas contre l'autre, vous aidera.

Utilisez le temps de réflexion pour prendre la décision dans votre propre intérêt. Posez-vous les questions suivantes :

- *Est-ce que je veux vraiment le faire ?*
- *Qu'est-ce que cela m'apporte ?*
- *Comment pourrais-je utiliser pour mon propre avancement le temps précieux que je devrais mettre à disposition ?*

Notez ces questions sur un petit bout de papier et rangez-le dans votre portefeuille, ou à un endroit qui vous est facilement accessible. Si vos réponses indiquent clairement que vous devriez refuser le service demandé, faites-le gentiment savoir, mais avec détermination. Gardez en tête qu'un « non » représente toujours un « oui » à votre vie. Vous exprimez ainsi de l'estime pour vous et pour vos propres besoins.

SE RENFORCER PAS À PAS

1

Une belle vie

Soyez bienveillant et affectueux envers vous-même en cas d'échec ou de déboires. Que diriez-vous à votre enfant ou à votre meilleure amie se trouvant dans une situation pareille, que feriez-vous ? Si vous avez de la compréhension et de la compassion pour vous, vous avancerez plus vite que si vous êtes dans le jugement et le dénigrement.

2

Découvrir ce dont vous avez besoin pour être bien

Il y a plein de possibilités pour entrer en contact avec soi-même et reconnaître ses besoins. Par exemple activer la glande du thymus : elle se situe au milieu du thorax, sous le sternum, et contribue au bien-être et à la détente. Vous pouvez la stimuler en quelques secondes en tapotant doucement avec la pointe des doigts au milieu de votre sternum, plusieurs fois par jour, trente à soixante secondes.

3

Poser des limites

Si vous voulez tirer le meilleur de vos possibilités, prenez la responsabilité de votre développement personnel et engagez-vous vis-à-vis de lui. C'est ainsi que vous avancerez, car – même si cela vous coûte des efforts – vous resterez focalisé sur votre but et réaliserez pas à pas vos objectifs.

4

Adopter une attitude constructive face aux échecs

Vous avez droit à l'erreur. Si vous ne restez pas trop bloqué sur votre échec, chaque erreur vous fera avancer. Pour vous donner de la force, vous pouvez par exemple vous entourer de personnes qui vous respectent, vous soutiennent, et avec lesquelles vous vous sentez bien. C'est de l'énergie pure, et vous mettez ainsi en application votre décision de bienveillance envers vous-même.

5

Activer le soutien intérieur

Votre soutien intérieur, la puissante source d'énergie en vous qui vous donne tout ce dont vous avez besoin pour être bien : l'acceptation, la confiance et l'amour inconditionnel. Concentrez-vous sciemment sur cette voix bienveillante pour y puiser la force pour vos prochains défis.

6

Poser des limites

Vous avez le droit aussi de poser des limites en toute conscience, même si au début, et par habitude, vous nourrissez la crainte que l'on ne vous aime plus. Vous êtes adulte, et rien ne peut vous interdire d'avoir vos propres besoins. Entraînez-vous à dire non, et faites-le même si c'est inhabituel pour vous et votre entourage.

Chapitre 3

Plus serein, plus heureux, plus sain : comment gérer votre vie en ayant confiance en vous

Dans ce chapitre, vous apprendrez :

- à quel point votre corps est fort et intelligent, et comment renforcer son pouvoir d'autoguérison ;

- pourquoi les sentiments comme la joie, l'espoir et la confiance, sont si importants ;

- comment développer davantage de confiance dans votre rapport aux autres ;

- comment le sens et les valeurs spirituelles font bouillonner votre énergie de vie.

COMMENT VOTRE CORPS EST LIÉ À VOTRE ÂME

« Ça pèse lourd sur mes épaules », « Ne baisse pas les bras », « J'en ai le souffle coupé » : beaucoup d'expressions de notre langage témoignent du lien étroit entre notre corps et notre âme. On en avait déjà conscience durant l'Antiquité, époque où naquit l'expression « Un esprit sain dans un corps sain ». Malgré cela, au cours des siècles, la médecine a porté son attention presque exclusivement sur la guérison du corps. Depuis quelques dizaines d'années seulement, la science étudie intensément les effets de la pensée et des émotions sur le corps (et vice versa) et l'influence de notre pensée sur notre bien-être.

Lorsque nous sommes stressés, nous ressentons très clairement ce lien entre le corps et l'âme. De nouveaux projets viennent s'ajouter à notre agenda déjà saturé, et le cerveau tire immédiatement la sonnette d'alarme : « Comment en arriver à bout dans les temps ? » Nous nous sentons « tendus » et, en effet, la tension artérielle monte, le cœur bat plus vite, notre respiration se fait plus rapide et plus légère.

En même temps, nous décidons des priorités en un délai record et nous réussissons comme par miracle ce programme de dingue, parce que le stress produit – sur une courte période – assez d'énergie pour que nous puissions nous surpasser. Comme chez les sportifs de haut niveau, il se libère un cocktail d'hormones de stress qui nous permet d'être capables de fournir des efforts considérables. Nous ne préservons notre efficacité et notre santé qu'à condition de nous reposer après une telle phase de tension.

Le stress permanent sans repos suffisant est un danger pour la santé et un des plus gros facteurs à risque pour des maladies cardio-vasculaires, le burn-out ou encore l'épuisement chronique.

LE MANQUE DE CONFIANCE EN SOI EST ÉGALEMENT UN FACTEUR DE STRESS

Nous n'en avons pas toujours vraiment conscience, mais le manque de confiance en soi est un énorme facteur de stress. Celui qui se sent tout le temps en insécurité avec lui-même et les autres et qui a peur de ne pas être à la hauteur subit physiquement et mentalement une pression permanente. Et cela a des conséquences sur plein de fonctions corporelles, notamment la tension musculaire, entraînant souvent des maux de tête, de dos, ou des problèmes d'estomac et d'intestin. Cette douleur accompagnée de peur et d'insécurité constante pèse sur notre état mental. Le médecin américain Edmund Jacobson a fait cette découverte dans les années 1930, et il a développé une des méthodes de relaxation les plus efficaces et les plus sollicitées : la relaxation musculaire progressive, dite « PMR ». En alternant de manière contrôlée la tension et le relâchement des muscles, les forces d'autoguérison dans le corps sont activées, les tensions, réduites et les peurs, ainsi dissipées.

FAIRE CONFIANCE À SES CAPACITÉS D'AUTOGUÉRISON

Une coupure au pouce cicatrise en quelques jours seulement et un rhume aussi disparaît assez rapidement : vous pouvez vivre au quotidien les effets fascinants de votre capacité d'autoguérison. Votre corps a néanmoins besoin de certaines conditions – un état d'esprit positif et confiant – pour pouvoir se soigner lui-même et se protéger d'influences néfastes comme les bactéries et les virus. Ainsi, les prisonniers de guerre qui se savaient attendus par leurs proches ont mieux supporté les camps d'internement que ceux qui avaient appris la mort de leur famille.

L'attitude intérieure mobilise des forces de résistance et des réserves qui aident à supporter les pires épreuves.

Les médecins insistent de plus en plus sur l'importance de la volonté de guérir du patient. Il y a 2 500 ans, le médecin grec Hippocrate avait déjà conscience du pouvoir du mental sur la guérison du corps. Il prescrivait des médicaments inefficaces en garantissant leur effet, et ses patients le croyaient, avaient confiance en sa médecine et guérissaient. Hippocrate pratiquait déjà ce qu'on appelle aujourd'hui « l'effet placebo ».

VOTRE MENTAL DÉCIDE

Vos pensées et vos sentiments, vos jugements et vos attitudes favorisent ou, au contraire, freinent vos forces d'autoguérison, car ils ont une influence sur toutes vos réactions corporelles. Si vous ne vous aimez pas, que vous n'avez pas confiance en vous, qu'en même temps vous êtes très exigeant envers vous-même et les autres, et que vous avez peur de l'avenir, vous empêchez vos forces d'autoguérison de fonctionner. Si, en revanche, vous avez foi en vos capacités, que vous vous acceptez et que vous envisagez l'avenir avec optimisme, vous les renforcez et les vivifiez.

Vous aidez vos forces d'autoguérison par les affirmations suivantes : « Je vais bien », « Je suis en bonne santé », « J'y arriverai », ou « Je suis capable de gérer tout ce qui m'arrive ».

DÉVELOPPER SA FORCE MENTALE TOUT AU LONG DE SA VIE

Nous restons en bonne santé et nous guérissons mieux lorsque nous ne sommes pas constamment exposés aux symptômes d'une maladie ou à nos propres défaillances, et quand nous nous concentrons sur nos ressources, sur ce qui est fort et puissant en nous. Les recherches sur des personnes centenaires ont démontré qu'une vie remplie et satisfaisante nécessitait le développement de la force mentale tout au long de l'existence. Par exemple en donnant un sens à son existence, en prenant conscience de ses valeurs, et en vivant en adéquation avec elles dans la mesure du possible (voir à partir de la page 86). On enrichit également sa force mentale en travaillant sa capacité à élaborer des stratégies pour mieux gérer les difficultés et rester confiant, et – c'est très important

– en se fixant toujours et encore des objectifs motivants et stimulants.

LE BONHEUR RENFORCE LA SANTÉ

Il est aujourd'hui largement prouvé par des études scientifiques que l'attitude mentale positive constitue l'un des piliers de notre santé. Elle génère des sentiments comme l'espoir, la confiance et la joie qui, à leur tour, influencent le système immunitaire à tel point qu'il fait barrage aux maladies plus efficacement.

Soyez joyeux le plus souvent possible, riez et profitez !

Ainsi, les hormones du bonheur se diffusent dans votre corps, vous êtes détendu, vous vous sentez bien – c'est le meilleur moyen pour retrouver et pour garder la santé.

Ce n'est pas un appel à bannir les émotions négatives de votre vie. Il nous manquerait quelque chose si on ressentait exclusivement des émotions positives, car la jalousie, l'envie, la tristesse, l'insatisfaction et l'anxiété font aussi partie de l'existence – cela nous garde en éveil et nous ouvre à nouveau aux émotions positives. Si vous veillez à ce que vos émotions positives priment sur les négatives, vous prenez soin de vous.

Le corps et l'esprit ne sont pas des entités séparées. Votre système immunitaire et hormonal réagit à votre mental, et même la plus infime cellule de votre corps sera influencée par vos émotions et votre pensée. Ainsi les plaies se referment moins vite en cas de stress et, à l'inverse, votre système immunitaire est fort et actif si vous vous sentez bien, détendu et joyeux. Le développement de votre confiance en vous renforce en même temps votre santé, car vous n'accumulez pas de stress supplémentaire et ressentez des émotions positives comme le succès, la satisfaction, le bien-être, la joie et l'espoir.

POURQUOI LES ÉMOTIONS POSITIVES SONT SI IMPORTANTES

1

Un bien-être intérieur

Les émotions positives comme l'amour, la joie, la gratitude, la satisfaction, la sérénité, l'intérêt, l'espoir, la fierté, la gaieté, l'inspiration et bien évidemment le bonheur vous aident à ne pas vous laisser ébranler, à vous sentir fort et en sécurité.

2

Une santé robuste

Les sentiments positifs ont une influence fondamentale sur votre santé et votre bien-être, ils contribuent à diminuer le stress et les tensions et empêchent la montée de nouvelles tensions – ou, du moins, ils les atténuent.

3

Une résilience saine

La résilience vous permet de vous relever des crises, tel un culbuto. Vous renforcez cette capacité à l'intérieur de vous et vous arrivez mieux à traverser les temps difficiles en percevant – malgré vos problèmes – toutes les bonnes choses dans votre vie (par exemple, suffisamment de nourriture, un toit sur la tête – pour beaucoup de gens, ces privilèges sont loin d'être acquis).

4

Un meilleur « vivre ensemble »

Lorsque vous allez bien, vous êtes plus ouvert, plus abordable, et vous avez moins d'idées préconçues. Il vous est plus facile de nouer des liens avec les autres, qui peuvent s'avérer de fidèles et précieux amis à travers les hauts et les bas de la vie.

5

Un apprentissage plus facile

On est plus efficace quand on a la pêche. Et pour ça, il suffit de penser à quelque chose d'agréable avant de vous lancer dans une affaire difficile, par exemple à votre dessert préféré, à un succès antérieur ou encore au bien-être que vous ressentirez quand vous aurez atteint votre but.

6

Une marge de manœuvre élargie pour les pensées et les actions

Bien dans sa peau, on est plus éveillé, plus curieux ; on perçoit son entourage avec davantage d'acuité. Cela vous ouvre à de nouvelles idées, à plus de créativité, et vous permet de trouver des solutions judicieuses avec plus de facilité.

FAITES-VOUS DU BIEN !

Conseils pratiques

« Fais du bien à ton corps afin que ton âme ait envie d'y habiter », disait déjà au XVIe siècle l'Espagnole mystique Thérèse d'Avila. La science d'aujourd'hui ajouterait que le corps aussi se sent bien quand l'âme va bien.

Souriez !

★ Faites-le autant que possible. Votre sourire n'a pas besoin d'être toujours sincère si vous ne le sentez pas : il suffit en effet que vous remontiez les coins de votre bouche avec les doigts ou que vous coinciez un crayon entre vos lèvres. Notre cerveau s'en fiche si nous aidons un peu, le mouvement des zygomatiques lui envoie le signal de mettre en route la production des hormones du bonheur, responsables de la bonne humeur : la dopamine et la sérotonine. Et comme cela renforce également votre système immunitaire, offrez-vous dès le matin une bonne portion d'énergie pour la journée en souriant pendant cinq minutes !

Bougez, ça fait du bien !

★ L'activité physique régulière n'est pas seulement bonne pour la santé, elle renforce aussi la confiance en soi : dans l'immédiat, dès qu'on la pratique, et à long terme, lorsqu'on réussit à persévérer. Le plus fascinant, c'est que l'on se sent tout de suite mieux, car le corps – en bougeant – produit plus de dopamine, l'hormone du bonheur. La danse, par ses mouvements ondulatoires et berçants, s'avère particulièrement efficace pour remonter le moral. Trouvez l'activité physique qui vous plaît et commencez doucement : avec une petite marche rapide ou une course de cinq minutes autour du pâté de maisons.

Apprenez à vous centrer

★ Entraînez-vous à vous vider la tête et à vous recentrer. La méthode la plus simple consiste à rester tranquillement assis et à observer son souffle. Votre corps se détend, vous vous sentez bien, en sécurité. Inspirez par le nez et expirez par la bouche avec un léger « pffff ». Répétez cet exercice plusieurs fois, puis commencez à rythmer votre respiration en comptant : par exemple « un, deux » en inspirant, et « un, deux, trois, quatre » en expirant. Restez concentré sur vous-même et profitez de ce calme intérieur.

Prenez soin de vous

★ Si vous bichonnez votre corps, vous apportez du baume au cœur à votre âme. Une visite au sauna ? Ou un bon bain chaud à la maison suivi d'un massage aux huiles essentielles ? Faites du choix de vos produits un mini-événement et profitez de ce moment douillet !

Dormez bien et mangez bien

★ Veillez à dormir et à manger suffisamment. Vous ne vous sentirez pas en forme et en harmonie si vous êtes fatigué. Votre alimentation joue un rôle capital : évitez le sucre, les plats précuisinés et la malbouffe, car vous avez besoin de nutriments vitaux énergisants contenus dans une alimentation équilibrée, composée de produits frais. C'est avant tout votre cerveau qui dépend de certains nutriments pour assurer son rôle de centre de contrôle et communiquer les bonnes instructions aux systèmes immunitaire, hormonal et nerveux.

Détendez-vous régulièrement

★ La méthode de relaxation musculaire progressive (PMR) de Jacobson est très efficace et facile à apprendre ; vous trouverez des vidéos à télécharger sur Internet.

Voyez le bon côté des choses

★ Concentrez-vous sur vos succès, qualités et capacités, et non pas sur vos défauts. Plus on se focalise sur quelque chose, et plus cette pensée reste présente, plus elle prend de l'ampleur et se répand en vous. Tirez-en profit dans le sens positif.

Nourrissez votre esprit

★ Apprenez de nouvelles choses ou rafraîchissez vos connaissances, car le temps et l'énergie que vous investissez dans votre esprit vous reviennent avec un triple bénéfice : vous renforcez votre confiance en vous ; vous êtes dans la joie ; et vous gardez votre cerveau en forme. Si ce genre d'activités est inhabituel pour vous, commencez par quelques minutes, que vous prolongerez lorsque vous constaterez à quel point cela vous fait du bien.

Poursuis TON CHEMIN
et LAISSE
les autres parler.
Dante Alighieri

COMMENT DÉTENDRE VOS RAPPORTS AVEC LES AUTRES

« Il n'y a pas de "je" sans "tu" », a dit le philosophe théologien Martin Buber. Une vérité qui se vérifie à chaque rencontre. Nous nous sentons bien, en confiance et détendus avec certaines personnes, alors qu'avec d'autres notre assurance est mise à rude épreuve. Chacun provoque des émotions différentes en nous, et nous ne nous comportons donc pas de la même manière avec tout le monde. Ce qui fait de chaque contact une nouvelle aventure et une formidable occasion pour apprendre à se connaître soi-même.

Ce que les autres pensent de vous ne devrait vous faire ni chaud ni froid. Ce n'est évidemment pas le cas, surtout si vous avez une piètre image de vous-même et que vous commencez seulement à développer un peu de confiance en vous : alors les réactions des autres peuvent vous affecter beaucoup. Mais dites-vous que c'est également une grande chance, car tout contact vous fournit des informations importantes sur vous-même. Si ce contact s'avère désagréable, vous pouvez déterminer ce qui déclenche précisément ce sentiment : vous sentez-vous jugé ? Ou rejeté ? Pensez-vous que vous n'êtes pas assez bien ? Quel comportement ou quelles paroles ont déclenché ce malaise en vous ? Et comment réagissez-vous ?

N'AYEZ PAS PEUR DE VOUS COMPARER – MAIS DANS LE BON SENS DU TERME

La comparaison est un bon outil pour se connaître soi-même – non sans danger, car on peut toujours rencontrer quelqu'un de plus intelligent, de plus beau, ou qui réussit mieux, et qui nous procure un sentiment de petitesse et d'insignifiance. Nous comparer est totalement normal, c'est lié à notre évolution en tant qu'humains. Il y a des millions d'années, il s'agissait de survie quotidienne, et nous devions jauger notre vis-à-vis en deux secondes : ami ou ennemi ? Face à un ami, nous pouvions nous détendre, face à l'ennemi, nous battre ou fuir. Aujourd'hui, tâchons d'utiliser judicieusement et à notre avantage ce réflexe préhistorique : la comparaison est utile, si elle vous sert à vous orienter en apprenant de l'autre ou à découvrir quelque chose que vous aimeriez également avoir.

Faites attention à qui vous vous comparez. Se comparer à une personne qui n'a rien à voir avec vous revient à confronter des pommes à des poires, et cela finit souvent en autocritique contre-productive. Posez-vous honnêtement la question de savoir si vous avez fait le nécessaire pour atteindre les mêmes objectifs que cette personne, ou si l'admiration que vous lui portez ne vous sert qu'à vous dénigrer.

Si la comparaison avec quelqu'un vous sape le moral, rappelez-vous que les personnes auxquelles vous vous comparez ont également des difficultés, et qu'elles sont peut-être confrontées à des choses que vous n'aimeriez pas avoir à gérer dans votre vie. Cela vous permet de relativiser et d'égayer votre humeur. Vous pouvez aussi vous comparer à une personne qui n'écrase pas votre estime de vous-même. Il ne s'agit pas de la dévaloriser et de vous placer au-dessus d'elle, mais de regagner une image positive de vous-même.

ARRÊTER DE CONTRÔLER LES AUTRES

Il y a un autre comportement qui peut nous causer des problèmes : l'obsession du contrôle. Souvent, on attend des autres qu'ils tiennent compte de nous ou qu'ils répondent d'une certaine manière, et si leur attitude ne correspond pas à nos prévisions, nous sommes déçus, voir vexés. Nous n'avons pas conscience que par cette démarche nous essayons de prendre le contrôle sur l'autre.

Les autres ne sont pas dans notre tête et n'ont pas accès à nos envies ou à nos besoins, et même s'ils le pouvaient, ils sont libres de se comporter comme ils l'entendent et non pas comme nous le voulons. Souvent, les gestes ou les comportements des autres n'ont aucun rapport avec nous. Une fois que l'on a compris cela, on arrête plus facilement de vouloir les cantonner dans des rôles et de prendre toutes les réactions personnellement. C'est un grand soulagement et la condition *sine qua non* pour de vraies rencontres.

PRENDRE LES GENS COMME ILS SONT

« Dans le fond, ce sont toujours nos relations aux autres qui donnent une valeur à la vie », a dit un jour Wilhelm von Humboldt pour résumer son expérience existentielle, et il parlait de toutes les relations – des bonnes comme des mauvaises. En quoi pourrait consister la valeur des relations que vous considérez comme difficiles ? Et comment pourrez-vous réagir de manière plus détendue face aux gens qui appuient là où ça fait mal ?

Pensez à deux personnes que vous n'aimez pas vraiment. Quelle est malgré tout la part d'eux que vous souhaiteriez posséder ?

1.

2.

Donner et recevoir sont les composantes de toute relation. Que recevez-vous des gens ? Que donnez-vous ? Comment vous sentez-vous lorsque vous pouvez donner ?

Quelles expériences bénéfiques avez-vous faites après avoir sollicité l'aide de quelqu'un ?

À qui – même si c'est difficile pour vous – pouvez-vous demander un service ?

Quel comportement vous énerve ? Retrouvez-vous ce comportement chez vous ? Souvent, ce qui nous dérange chez les autres est ce que nous observons chez nous et que nous refusons.

De quelles personnes attendez-vous certaines réactions ? Lesquelles ?

Vous ne pouvez pas exiger ces réactions. Comment pouvez-vous gérer au mieux la prochaine fois un comportement qui ne correspond pas à vos attentes ?

PLUS RELAX AU TRAVAIL

Conseils pratiques

Si vous avez un emploi, vous passez presque 75 % de votre temps, en dehors de vos heures de sommeil, à travailler – avec tout ce que cela implique. Ça peut prendre beaucoup d'énergie. Les conseils suivants vous aideront à gérer les défis quotidiens de manière plus détendue.

★ *Un temps pour réfléchir*

Vous n'êtes pas obligé d'avoir tout de suite réponse à tout, vous avez le droit de réfléchir et de prendre le temps qu'il vous faut pour répondre. Vous pouvez vous entraîner en faisant précisément attention à votre « réflexe de réponse ». Ne lui cédez pas, et préparez des phrases comme : « J'aimerais y réfléchir » ou « J'ai besoin de plus d'infos, je reviens vers toi ».

★ *Laisser les autres*

« Prenez les gens comme ils sont, il n'y en a pas d'autres », a dit un jour Konrad Adenauer, le premier chancelier allemand. Comme c'est vrai ! Il y aura toujours des personnes que vous n'aimez pas et dont le comportement vous déplaît. Mais vous ne pouvez pas les échanger, vous ne pouvez que modifier votre propre comportement vis-à-vis d'eux. Une fois que vous aurez intégré cette vérité au plus profond de vous-même et que vous ne réagirez plus spontanément à votre stimulus d'énervement, vous vous sentirez mieux et aurez plus d'énergie. Parce que vous vous épargnerez beaucoup de sentiments négatifs.

★ *Simplifier les contacts*

Vous arrivez dans une entreprise et vous êtes inquiet de l'accueil que vos nouveaux collègues vous réserveront. La méthode idéale pour entrer en contact avec eux est d'aller à leur rencontre et de leur proposer de l'aide. Utilisez vos qualités que vous avez énumérées dans votre liste « Ça, c'est moi » (voir page 21). Aidez là où vous êtes compétent et où les autres rencontrent des problèmes : vous pouvez par exemple proposer une aspirine à quelqu'un qui a mal à la tête, ou faire fonctionner le projecteur avant une présentation quand votre collègue n'y arrive pas. Par ces petites interventions, vous renforcez votre confiance et créez une base pour vous sentir à l'aise avec vos nouveaux partenaires de travail.

Chercher du soutien

Si vous avez des projets qui risquent de faire dégringoler votre confiance en vous parce qu'ils sont un peu hors de votre champ de compétences, cherchez un soutien qualifié. Ce peut être l'aide d'un coach spécialisé dans la préparation d'entretiens d'embauche, ou celle d'une collègue dont les idées créatives viendront pimenter la fête d'entreprise que vous organisez. Partout autour de vous, il y a des personnes qui mettent volontiers leurs talents et capacités à votre disposition, il suffit de leur demander pour vous simplifier la vie.

Profiter de son succès, se réjouir de celui des autres

Récompensez-vous lorsque vous faites avancer un projet, que vous réussissez une discussion difficile ou que vous gagnez en assurance face à vos collègues. Profitez de ce sentiment de succès lorsqu'il traverse toutes les cellules de votre corps et réjouissez-vous également du succès de vos collègues, car nous avons tous des talents individuels, utiles à différents moments. Quand la jalousie vous guette, souvenez-vous que vos collègues ont autant besoin de réussite que vous pour faire leur job correctement et pour se sentir bien dans leur peau.

Accepter les échecs avec bienveillance

Dans le travail, succès et échecs se côtoient de près. Prenez les échecs pour ce qu'ils sont : ils font partie de la vie. Ils vous apprennent beaucoup de choses sur vous, et notamment à vous montrer bienveillant envers vous-même. Votre présentation lors de la dernière réunion était un flop ? Endossez la responsabilité de ce qui est arrivé, ça vous permet d'avancer librement, de comprendre ce qui n'a pas fonctionné et de prendre de nouvelles décisions. Et finalement, vous pouvez vous féliciter d'avoir su gérer un échec d'une façon aussi constructive.

«Si vous vivez des choses que vous ne pouvez pas changer, pourquoi gaspiller votre énergie à vous mettre en colère?»

Anja Siepmann

GAGNER EN ASSURANCE DANS VOTRE ATTITUDE

1

Le langage corporel adapté

Lors d'un discours ou d'une présentation, c'est moins la qualité du contenu que la voix et l'attitude qui détermine le succès : celles-ci comptent à 90 % dans l'impression générale. La réussite de votre capacité à convaincre dépend donc de vous.

2

La posture de l'assurance

À faire plusieurs fois par jour : placez-vous devant un miroir, prenez une position bien ancrée au sol, les pieds écartés de la largeur des hanches. Redressez les épaules, levez un peu la tête et regardez devant vous. Souriez (voir page 36).

3

L'apparence

Portez des vêtements dans lesquels vous vous sentez bien, mais adaptés aux circonstances – que ce soit dans le travail ou dans le privé. Le choix des couleurs a également son importance : si vous choisissez un pull gris avec un pantalon noir, on vous remarquera moins que si vous combinez par exemple le noir avec un haut plus « flashy ». Et si vous décidiez de temps en temps de vous faire davantage remarquer ?

4

Entraîner sa voix

La vraie confiance en soi s'exprime par une voix assurée et calme – pas par un volume excessif. Entraînez-vous à la maison et parfois aussi devant le miroir à formuler vos demandes de manière claire, calme et sûre. Faites régulièrement l'exercice respiratoire de la page 75, pour apprendre à rester centré et pour ne pas perdre votre voix même quand vous êtes anxieux ou énervé

5

Établir le contact visuel

Le contact visuel est important. Mais pensez à diriger votre regard de temps en temps ailleurs, pour que votre interlocuteur n'ait pas l'impression que vous le fixez. Essayez de trouver le bon équilibre entre regarder dans les yeux et détourner le regard.

6

La force du langage corporel

Adoptez le plus souvent possible les postures du chapitre 1 et bougez dans la vie comme quelqu'un qui a confiance en lui. Servez-vous également de la méthode « Faites comme si » du chapitre 2. Vous allez voir que cela vous permet de gagner en assurance et en prestance.

LAISSEZ CIRCULER L'ÉNERGIE VITALE

En pleine canicule, deux ouvriers travaillent dans une carrière. L'un d'entre eux, trempé de sueur, casse les pierres sans force, tandis que l'autre semble frais et plein d'énergie malgré les températures élevées. Lorsqu'on leur demande ce qu'ils font là, le premier répond d'un air renfrogné : « Ben, ça ressemble à quoi ? Je casse des pierres. Toujours des pierres. » L'autre, presque solennel, rétorque : « J'ai le grand honneur d'aider à la construction d'une cathédrale. »

Vous avez sûrement déjà vécu ça : quand vous êtes vraiment convaincu, vous développez tout à coup une capacité insoupçonnée à accomplir des choses dont vous ne vous pensiez pas capable. Cette énergie vous vient du sens que vous mettez dans une activité, et si vous n'en trouvez aucun, vous abattez votre travail de manière totalement détachée. Il est possible de vivre ainsi à court terme et de se conditionner à faire exclusivement ce que l'on attend de vous, mais à long terme cela devient frustrant. Et ça entraîne chez les gens qui se retrouvent dans de telles situations une perte du goût à la vie et une baisse de la qualité de leur travail et de leur efficacité. Ils continuent à fonctionner, mais ils ne se sentent plus vivants et, au bout, c'est souvent le burn-out qui les attend.

Si nous ne trouvons plus de sens
à ce que nous faisons,
nous sommes coupés
d'une des plus puissantes
sources d'énergie.

LE SENS EST VITAL

Le psychologue viennois Viktor E. Frankl a concentré son travail sur la propriété essentielle du sens dans notre motivation à vivre. Il partait du principe que nous, les humains, n'étions pas prioritairement à la recherche de pouvoir, d'argent ou de prestige, mais qu'une pulsion de sens nous animait, une « volonté de sens » que nous cherchons à satisfaire à tout prix. Si nous échouons, l'absence de sens peut conduire à des problèmes émotionnels et à la maladie physique ou mentale. Frankl ne parlait pas seulement du sens global de la vie, il concentrait sa théorie psychologique sur la quête de sens à

chaque instant. Quel est le sens que je pourrais trouver dans ce que je suis en train de vivre ? Cette situation, que m'apprend-elle sur moi-même ? Comment utiliser de la manière la plus judicieuse mes capacités personnelles pour gérer ce défi actuel ? Comment me développer grâce à elles ?

Si vous vous posez toutes ces questions, vous ne renforcerez pas seulement votre confiance en vos facultés, vous ressentirez aussi une nouvelle force en vous. Car par votre réponse complètement personnelle, valable uniquement au moment présent et qui n'a de signification que pour vous-même, vous faites circuler votre énergie vitale. Vous souvenez-vous de mon introduction (en page 6) et du discours que vous deviez prononcer ? Faites maintenant concrètement l'expérience : imaginez que vous fêtez votre 90e anniversaire et que vous voulez faire une allocution devant tous les invités qui vous ont accompagné sur votre chemin de vie. Que leur diriez-vous ? Qu'est-ce qui était important pour vous ? Pourquoi viviez-vous ? Que voulez-vous transmettre aux jeunes ? Qu'avez-vous compris seulement sur le tard ? Que travaillez-vous encore ? Quel objectif personnel souhaitez-vous encore atteindre ? Cette escapade dans votre avenir vous met sur la voie de ce pour quoi vous aimeriez vivre. Notez vos pensées pour votre discours et laissez-les faire leur effet sur vous.

LES VALEURS

Là où il y a du sens, les valeurs ne sont pas bien loin. Bien sûr, je ne parle pas de valeurs matérielles comme l'argent, l'appartement ou la voiture : non, il s'agit de valeurs idéologiques. Ce sont vos convictions intérieures, ce que vous considérez comme juste et plein de sens pour vous et votre entourage. Vos valeurs sont ce pour quoi vous vous engagez et ce pour quoi vous seriez même prêt à vous battre.

Les valeurs se développent avec notre personnalité, et comme celle-ci change avec le temps, nos valeurs évoluent également au cours de notre vie. Jeune, on peut ainsi accepter un emploi dans une autre ville ou à l'étranger en début de carrière, même si cela comporte un risque pour la relation amoureuse. Quelques années plus tard, la décision sera complètement différente, car entre-temps l'envie d'une relation stable aura pris pied, peut-être même la volonté de fonder une famille et de s'installer. C'est pour ça qu'il importe de clarifier et de vérifier continuellement ses valeurs.

CE SONT LES VALEURS QUI DONNENT DU SENS

Pensez à l'histoire des deux tailleurs de pierre. Pour celui qui se montre positif, probablement un homme croyant, le projet de cathédrale est plein de sens. Sa besogne correspond à ses valeurs, et il peut les concrétiser à chaque coup de marteau.

LORSQUE NOUS POUVONS VIVRE SELON NOS VALEURS, NOUS SOMMES MOTIVÉS, EFFICACES ET SATISFAITS.

Les valeurs nous aident par ailleurs dans nos relations, dans notre « vivre ensemble », car nous pouvons nous y orienter et nous comporter de manière à les respecter.

L'INVENTAIRE DES VALEURS

Chaque commerçant fait régulièrement l'inventaire pour vérifier son stock et déterminer la valeur de ce qu'il possède.
Il s'agit ici de faire l'inventaire de vos valeurs. Prenez votre temps avant de répondre, et gardez en tête que vous n'avez à vous justifier auprès de personne. Plus vous serez honnête avec vous-même, plus vous apprendrez quelles sont les valeurs qui vous guident actuellement.

Qu'est-ce qui est réellement important pour vous ?
Pour quoi vous engagez-vous ?

Quelle est la devise de votre vie ?

À quoi aimeriez-vous que les autres vous associent ?

PAS À PAS VERS UNE NOUVELLE JOIE DE VIVRE

Conseils pratiques

« Au commencement était l'action », a dit un jour Johann Wolfgang von Goethe. Vous n'avez pas besoin d'être parfait pour accomplir ce que vous voulez et pour en prendre la responsabilité. Et vous n'avez pas besoin de vous réveiller un matin et de changer totalement de vie. Il s'agit plutôt de faire des petits pas en direction du changement. Voici comment :

★ *Établissez un contrat avec vous-même*

Rappelez-vous : il faut s'engager pour avancer ! Notez ce que vous voulez accomplir et ce que vous allez entreprendre pour y arriver. Signez ce contrat et donnez-en une copie à une personne de confiance qui vous soutient avec bienveillance.

★ *Avancez à petits pas*

Si vous avez le tournis rien que de penser à votre objectif, tant il vous semble inatteignable, réfléchissez plutôt au prochain petit pas. Et si celui-ci vous paraît encore trop grand, divisez-le en d'autres mini-pas, car même un infime mouvement dans la bonne direction vous fait avancer.

★ *Raccrochez-vous à vos succès antérieurs*

Notez les petits et grands succès de votre vie dans votre carnet. Servez-vous de vos réponses à la question 4 de l'exercice « Apaiser le critique intérieur » (voir page 33). Regardez cette liste de succès tous les matins pendant deux semaines et portez-la sur vous. Si vous vous sentez minable et incapable devant un nouveau défi, prenez-la dans les mains et regardez tout ce que vous avez déjà accompli. Puis vous pouvez vous dire : « C'est la chose la plus difficile qui me soit arrivée jusqu'à présent, mais j'ai déjà réussi à maîtriser une situation similaire. J'en suis donc capable. Et je vais bientôt en venir à bout avec succès. » Et même pendant que vous traversez l'épreuve, vous pouvez vous accrocher comme à une ligne de vie à vos petites et grandes victoires sur votre liste.

Souvenez-vous

Quand il s'agit de nous faire du bien, nous sommes les champions de l'oubli, notre inconscient est tout simplement trop ancré dans ses habitudes.

Pour vous en souvenir, procurez-vous un petit bracelet, un porte-clés, une bague ou n'importe quel autre objet qui vous rappellera partout vos responsabilités vis-à-vis de vous-même et le fait que vous voulez agir pour votre bien-être. Ainsi, lorsque votre critique intérieur se manifeste ou que vous essayez d'éviter une nouvelle expérience, votre regard se posera sur ce vade-mecum, et vous saurez ce qu'il vous reste à faire.

Exprimez vos attentes

N'attendez pas des autres qu'ils devinent vos envies. Réfléchissez à ce que vous voulez, comment vous imaginez les choses, et dites-le de manière posée. Cela nécessite certes du courage, mais vous allez voir qu'on vous prendra tout d'un coup plus au sérieux : ce qui booste sensiblement votre confiance en vous.

Osez !

Nous aimons rester dans notre zone de confort, où nous sommes en confiance et en sécurité, mais lorsqu'on veut renforcer sa confiance en soi, on doit élargir cette zone, sortir peu à peu du « nid douillet ». La confiance se construit pas à pas, et chaque pas – petit ou grand – compte et constitue une expérience importante.

La prochaine fois que vous avez envie d'annuler un entretien parce que vous ne vous sentez pas bien, pas à la hauteur ou mal jugé, ne laissez pas vos émotions vous paralyser, mais utilisez ce challenge comme tremplin pour un vécu enrichissant. Même si ça vous coûte, à la fin vous aurez rencontré de nouvelles personnes et fait une nouvelle expérience ! Et vous saurez pour la prochaine fois que vous en êtes capable.

PETITE AIDE À LA STABILISATION

Exercice

Si vous travaillez activement votre confiance en vous à l'aide de ce livre, vous serez bientôt capable de venir à bout de certains défis qui vous auraient terrassé dans le passé. Renforcer sa confiance est un processus à vie, et il y aura toujours à nouveau des situations – des petites remarques, du stress, de la colère ou des rechutes dans d'anciens comportements – où votre confiance sera mise à l'épreuve et où vos faiblesses prendront le dessus sur vos forces. Lorsque cela vous arrive, vous pouvez vous stabiliser rapidement grâce à cette technique simple et efficace.

★ Mettez-vous debout ou asseyez-vous seul devant un miroir, regardez-vous dans les yeux et dites votre prénom à haute voix, par exemple « Claudia » et « Je t'aime ». Vous pouvez aussi aller plus loin et dire : « Claudia, tu es une personne merveilleuse, pleine de qualités. »

★ Peu importe si vous n'arrivez que difficilement ou même pas du tout à prononcer ces phrases ou que vous vous sentiez ridicule. Personne ne vous entend, personne ne vous voit.

★ Faites un effort et dites les phrases sans réfléchir au moins dix, voire vingt fois de suite. Même si ça sonne faux au début, continuez, tout simplement.

★ Souvent, ça aide de penser que la personne que vous voyez dans le miroir est votre meilleur(e) ami(e). Dans ce cas, mettez toute votre force de conviction et votre affection dans la voix et vous n'aurez plus de problèmes à l'entendre. Souvenez-vous, vous êtes la personne la plus importante (voir page 16-17). Essayez de vous traiter en conséquence.

★ Lorsque vous vous parlez avec amour, vous remarquerez que les sentiments que vous nourrissez à votre égard changent peu à peu, vous sentez revenir votre force intérieure et pouvez gérer les bouleversements avec plus de sérénité.

Peut-être que cela vous fera même sourire peu de temps après, et vous penserez : « Allez, tout va bien » ou « Ça y est, j'ai compris ! » – tant mieux, car avec une bonne dose d'humour, nous nous stabilisons plus vite.

ENFIN SÛR DE MOI !

Un jour, une cliente a décrit son chemin vers la confiance en ces termes : « Dans ma vie, j'ai toujours eu peur de ne pas me montrer à la hauteur et d'être rejetée. J'ai donc évité les gens et les situations difficiles. Rien que l'idée de me retrouver face à moi-même le temps d'un coaching me paraissait horrible, mais un jour j'ai compris que j'étais la seule à pouvoir améliorer ma condition, alors j'ai osé me confronter à la vie et à moi-même. J'ai découvert mon soutien intérieur et, aujourd'hui, ma témérité me surprend. C'est vrai que les choses sont devenues un peu plus fatigantes, car je ne fuis plus – mais je ne veux plus jamais retourner là d'où je viens. Je me sens tellement mieux avec moi-même désormais et tellement plus vivante. »

Vous aussi, vous allez rencontrer sur votre chemin toujours de nouveaux défis qui vous feront douter de vous, mais également grâce auxquels vous grandirez et qui contribueront à développer votre force intérieure. Ils vous permettent d'affronter vos capacités et vos expériences avec courage, en ayant confiance en tout ce qu'il y a de bon en vous et en croyant en votre force.

Les mots en page suivante, attribués à Albert le Grand, m'inspirent toujours et encore ; c'est pour cela que je voudrais qu'ils puissent vous accompagner.

Et s'il vous plaît, n'oubliez pas :

le monde est toujours tel
que nous nous voyons
et il est toujours
ce que nous faisons
de nous-mêmes.

Votre Iris Seidenstricker

JE FERAI TOUS LES JOURS QUELQUE CHOSE

Je ferai tous les jours quelque chose
et je ne laisserai pas les préjugés bloquer mes actions.
Je ne disséquerai pas la méthode avant de commencer.
Je commencerai. Je ferai quelque chose.
Je sais qu'il y aura des obstacles
sur mon chemin vers l'action.
Mais je sais aussi que les obstacles font partie de la vie,
c'est pourquoi ils ne me surprendront pas
et ils ne me décourageront pas.
Je continuerai à m'entraîner avec assiduité
et je transformerai mon idée en réalité.
Celui qui place l'action avant la critique a du succès.
Celui qui dit oui à sa propre insuffisance
et qui la reconnaît comme une composante
la surmontera.

Albert le Grand

POUR ALLER PLUS LOIN

Quelques livres sur mes étagères...

Frankl, Viktor E., *Découvrir un sens à sa vie avec la logothérapie*, J'ai Lu, 2013.

Mayer, Heike, *Je lâche prise. Comment développer sa sérénité*, Éditions Jouvence, 2017.

Wiseman, Richard, *59 secondes pour prendre les bonnes décisions*, JC Lattès, 2010.

COPYRIGHTS DES ILLUSTRATIONS

SOURCES DES CITATIONS

Rabat 1re de couverture : buddhistische-weisheiten.org, sans autre précision de source.
Page 19 : gutezitate.com, sans autre précision de source.
Pages 45 et 77 : Aphorismen.de, sans autre précision de source.
Page 83 : Siepmann, Anja, *Gelassen arbeiten. Wie Achtsamkeit den Berufsalltag erleichtert*, Scorpio, 2016.
Page 94 : cette citation, que l'on retrouve sous différentes formes sur Internet, est attribuée à Albert le Grand, érudit du Moyen Âge.

Dépôt légal : avril 2018
Achevé d'imprimer en mars 2018
Imprimé en Bulgarie